林-浆-纸企业生产物流智能控制与配送研究

张国华　刘　斌
徐承杰　李　祥　张荣强 ◎ 著

北京理工大学出版社
BEIJING INSTITUTE OF TECHNOLOGY PRESS

内 容 提 要

本书以林-浆-纸企业作为研究对象，研究了林-浆-纸企业制浆流程生产物流动态关系及仓储智能配送管理策略，构建了林-浆-纸企业生产物流智能配送及仓储管理的信息系统；提出了木片优化配料数学模型，对浆块生产前置处理的关键环节——装载机生产调度，建立了计算模型；依据复合模型的建模方法和步骤，建立了林-浆-纸企业生产物流智能配送系统制浆生产木料流子系统动态复合模型与制浆流程生产药剂流子系统动态复合模型；详细研究了林-浆-纸企业生产物流智能配送系统的综合评价指标体系和综合评价方法；提出了信息系统总体结构及无线网络建设方案，并开发了无线作业指示电子看板及仓储监控电子看板。

本书可供物流信息化、网络化系统控制、智能控制及管理信息化专业方向的本科生或研究生参考，也可供从事造纸行业的管理人员和技术人员参考。

版权专有　侵权必究

图书在版编目（CIP）数据

林-浆-纸企业生产物流智能控制与配送研究 / 张国华等著. —北京：北京理工大学出版社，2017.5
　　ISBN 978-7-5682-4172-4

Ⅰ. ①林… Ⅱ. ①张… Ⅲ. ①纸厂－物流－智能控制－研究　②纸厂－物资配送－研究　Ⅳ. ①F426.83

中国版本图书馆CIP数据核字(2017)第134995号

出版发行 / 北京理工大学出版社有限责任公司
社　　址 / 北京市海淀区中关村南大街5号
邮　　编 / 100081
电　　话 /（010）68914775（总编室）
　　　　　（010）82562903（教材售后服务热线）
　　　　　（010）68948351（其他图书服务热线）
网　　址 / http://www.bitpress.com.cn
经　　销 / 全国各地新华书店
印　　刷 / 北京紫瑞利印刷有限公司
开　　本 / 710毫米×1000毫米　1/16
印　　张 / 12　　　　　　　　　　　　　　　责任编辑 / 李玉昌
字　　数 / 228千字　　　　　　　　　　　　文案编辑 / 韩艳芳
版　　次 / 2018年3月第1版　2018年3月第1次印刷　责任校对 / 周瑞红
定　　价 / 58.00元　　　　　　　　　　　　责任印制 / 边心超

图书出现印装质量问题，请拨打售后服务热线，本社负责调换

前言 Preface

随着全球化制造企业专业分工的进一步细化，一些林-浆-纸企业放弃了原有的制浆工序，改由专业化制浆工厂按时、按需提供各种规格的浆块。本书在对某林-浆-纸企业年产40万t漂白硫酸盐木浆项目生产物流管理现状剖析的基础上，指出林-浆-纸企业实施生产物流的控制与管理，挖掘生产物流潜能是林-浆-纸企业降低生产物流成本、提高市场竞争力的有效途径。

林-浆-纸企业生产物流提高配送系统是一个复杂的、动态的和非线性的大系统，任何一个节点变化都有可能导致整个企业管理链断裂。本书在系统地回顾与继承既有的物流和信息管理研究成果的基础上，以林-浆-纸企业作为研究对象，以林-浆-纸企业生产物流配送管理优化作为切入点，以信息管理为主线，在有效利用信息管理学和信息经济学相关理论和方法的前提下，按照系统论、控制论及信息论的研究思路，对林-浆-纸企业生产物流智能配送系统进行了如下研究：

（1）在整理和分析林-浆-纸企业生产工艺流程与相关设备及参数的基础上，研究了林-浆-纸企业制浆流程生产物流动态关系，通过分析和计算得到了生产物流数质量流程图以及相应的设备效率与生产能力等，提出了企业物流管理的内涵及林-浆-纸企业生产物流价值链。

（2）在进行企业调研的基础上，按照精益制造及供应链管理思想分析了林-浆-纸企业生产物流现状，重点研究了仓储智能配送管理策略，提出了一种分类定位机动共享仓储策略，并给出了一系列优化货位分配的规则。采用基于货位状态图的求解方法，保证了计算的收敛性并能够获得稳定的最优解。为提高库存计划调整的敏捷性，本书采用一种基于"生产计划—时间窗"的原材料库存控制策略和算法，构建了林-浆-纸企业生产物流智能配送及仓储管理信息系统，它可以对企业生产物流作业进行自动化调度，自动求解并发布每台装载机的搬运生产日程表，自动计算不同规格、批次货品对应的最优货位，并实时监控生产执行进度和仓储作业现状。在满足工艺技术要求的前提下，为使原料成本最低，提出了木片优化配料数学模型，使数字配料成为可能。

（3）对浆块生产前置处理的关键环节——装载机生产调度，建立了计算模型；以基于规则推理的装载机生产调度算法为依据，对生产流程进行了分段处理，使单次求解的复杂程度降到了最低。

（4）针对现代生产物流系统结构，在林-浆-纸企业生产设备布置和物流路线整理规划的基础上，提出了生产物流配送系统的设计原则及应实现的功能，构建了林-浆-纸企业生产物流智能配送系统结构和计算机网络形式；依据复合模型的建模方法和步骤，建立了林-浆-纸企业生产物流智能配送系统制浆生产木料流子系统动态复合模型与制浆流程生产药剂流子系统动态复合模型。对基于复合模型的制浆过程物流平衡的数学原理进行了研究归纳，并将林-浆-纸企业生产物流物料平衡归结为一个有约束的最优化问题；详细研究了林-浆-纸企业生产物流智能配送系统的综合评价指标体系和综合评价方法，以期达到对生产物流智能配送系统测度的目的。

（5）提出了信息系统总体结构及无线网络建设方案。开发了无线作业指示电子看板及仓储监控电子看板，自主设计了一种遗传加密算法。结合实际基础数据，对规划中的浆包自动化立体仓库，用仿真软件建成虚拟模型。

综上所述，通过对林-浆-纸企业生产物流智能配送系统的研究，进一步提高了企业运作过程的效率和信息资源的合理优化配置，为林-浆-纸企业的管理运作提供了科学依据。

著　者

目 录 Contents

第1章 绪论 ·· 1

    1.1 研究背景 ·· 2

    1.2 生产物流管理理论概述 ························ 7

    1.3 国内外相关研究现状 ·························· 12

    1.4 问题的提出、研究内容和研究方法 ··········· 29

第2章 林-浆-纸企业生产工艺流程及设备 ··· 33

    2.1 原料堆场及备料车间 ·························· 33

    2.2 制浆车间 ·· 38

    2.3 浆板车间 ·· 50

    2.4 碱回收车间 ····································· 58

    2.5 企业物流管理方式研究 ························ 70

    2.6 林-浆-纸企业生产物流的经济效益分析 ······ 73

第3章 林-浆-纸企业生产物流智能配送策略及应用研究 ·································· 76

    3.1 仓储管理策略研究及应用 ····················· 76

    3.2 木片优化配料模型研究 ······················· 111

    3.3 原木库存控制策略研究 ······················· 115

    3.4 装载机生产调度算法研究 ···················· 121

第4章 林-浆-纸企业生产物流智能配送系统研究 …… 139

4.1 现代生产物流的组成特点与功能 …… 139
4.2 现代生产物流管理 …… 140
4.3 林-浆-纸企业生产物流配送系统功能分析与设计规划 …… 141
4.4 林-浆-纸企业生产物流智能配送系统结构分析与设计 …… 145
4.5 无线网络建设方案 …… 152
4.6 系统安全方案及遗传加密算法设计 …… 156
4.7 林-浆-纸企业生产物流智能配送系统复合模型研究 …… 159
4.8 林-浆-纸企业生产物流智能配送系统综合评价 …… 168
4.9 新旧系统无缝集成的技术实现及效益分析 …… 176

第5章 总结与展望 …… 178

5.1 主要研究结论 …… 178
5.2 研究创新之处 …… 179
5.3 进一步的研究与展望 …… 180

参考文献 …… 182

第1章 绪 论

本书数据源于某林-浆-纸企业年产 40 万吨漂白硫酸盐木浆及 14 万公顷原料林基地林纸一体化项目。

随着全球化制造企业专业分工的进一步细化，一些林-浆-纸企业放弃了原有的制浆工序，改由专业化制浆工厂按时、按需提供各种规格浆块。为了保证能够准时供应多品种浆块，它们往往设有存放原木（木片）的大型原料堆场及存放浆块的成品仓库。对企业生产物流进行有效管理是企业一直十分重视的课题。据调查，大型专业化制浆加工企业的常规在库木片约 40 000 吨，原木 130 000 立方米，且木料来源批量大、批次小；同时，成品浆块种类多、库存量大，非标准性是这些木料的一大特点。

而我国造纸制浆企业的自动化水平普遍较低。近年来，研究者发现，在产品生产的整个过程中，生产物流仍是一片"处女地"，物料搬运、储存和管理过程存在着极大的潜力，有待挖掘。一直以来，林-浆-纸企业生产物流配送问题缺乏理论指导，尤其是对生产物流智能配送系统缺乏系统研究。

目前管理采用的是纸质看板的方式，其存在如下弊端：管理基本靠手工、纸质、口头方式进行，管理效率低下；由于原料堆场空间和堆垛都特别大，工人只能随意堆放原材料而导致货物堆垛混乱；作业者随意决定作业内容，作业顺序混乱；物流混乱，物流和信息流不同步甚至不一致，成本管理困难；仓库利用率低；现有信息系统的数据错误率高；货物寻找困难；成品浆块物流信息不能上溯，出、入库效率低，配送困难；库存控制及原材料订购手段落后导致库存过剩或不足；生产浪费严重，倒料现象时有发生；管理困难，有把错误的木片（原木）放到生产线上加工造成巨大经济损失的现象。这些问题严重违背了精益物流管理的要求，亟待解决。

本书研究如何综合利用数字化管理理论、计算机技术、物流信息化管理专业技术、自动化立体仓库技术、无线网络技术、条码技术、RFID 技术、供应链管理思想、集成管理理论、协同学理论、数学方法来解决这些问题，实现企业生产物流管理智能化、生产调度自动化和优化控制，减少库存浪费、生产浪费和作业浪费，降低企业成本，提高工作效率和企业竞争力，为林-浆-纸企业提供一个生产物流智能配送的成功案例。

1.1 研究背景

林浆纸一体化的核心在于打破过去林业与造纸业互不协调的传统模式，充分利用市场，把土地、营林、制浆、造纸的四大生产要素有机地结合起来，加快造纸企业木浆原料林基地建设，形成"以纸养林、以林促纸、林纸结合、协同发展"的良性循环大产业[1]。

业内人士认为，林浆纸一体化将成为造纸业未来的发展方向。一方面，林浆纸一体化有利于造纸原料结构的调整。传统的草浆造纸耗能大、排污重。改变传统的原料结构，以木浆代替草浆造纸，已经到了刻不容缓的地步。而目前我国造纸业所需木浆大部分依赖进口，常常受制于人，十分被动。因此最有效的解决方法就是生产自制木浆。因此向上游林业发展、建设原料林是造纸业的必然选择。另一方面，林浆纸一体化可以帮助造纸业有效提高碳生产率。提高碳生产率是发展低碳经济的核心，而提高碳生产率可通过提高行业效益产出与降低碳源等多种方法实现。在林浆纸一体化的生产方式中，上游的原料林除了可为下游造纸提供木浆原料，同时还可吸收二氧化碳，提供生物燃料、减少碳源。有专家甚至表示，造纸业林浆纸一体化几乎可以实现二氧化碳的零排放[2]。

而且，林浆纸一体化会给造纸企业带来明显的经济收益。证券分析师指出，企业通过种植或合作经营及收购等多种形式获得原料林，可把产业链延伸至行业最顶端，一方面可以降低原材料成本，保证原材料供给；另一方面可以通过出售木材、木浆等多种形式获得额外利润。尤其是在林权体制改革与相应措施政策逐步推行后，营林风险将进一步降低，营林收益也会更加明确。

林浆纸一体化早就是国际造纸业普遍推行的一种产业发展模式，我国相关政府管理部门也多次发文明确强调，要实施"林浆纸一体化"政策，鼓励国内造纸企业大力营造人工速生丰产林，逐步实现自给自足。事实上，国内多家造纸上市公司如岳阳纸业、晨鸣纸业已经在国内外有计划成规模地购买、种植原料林，林浆纸一体化的优势初步得到彰显。

我国是世界排名第一的造纸大国，但不是造纸强国。要改变产业大而不强的现状，要甩掉"污染大户"的帽子，造纸业就要充分借鉴国外行之有效的产业经验，摒弃传统落后的产业生产模式，走"林浆纸一体化"的产业道路[3]。

1.1.1 我国林业发展概况

在人类生活、经济发展和社会进步的相互关系中，森林的重要作用日益凸显。

第八次全国森林资源清查的结果显示,我国现有森林面积2.08亿公顷,森林覆盖率21.63%,森林蓄积量达151.37亿m^3。与第七次全国森林资源清查结果相比,我国森林总量持续增长。森林面积由1.95亿公顷增加到2.08亿公顷,净增1 223万公顷;森林覆盖率由20.36%提高到21.63%,提高了1.27个百分点;森林蓄积量由137.21亿m^3增加到151.37亿m^3,净增14.16亿m^3。丰富的林地资源,为发展木浆造纸业,特别是发展速生丰产的造纸原料林奠定了基础。

目前,我国可用于造纸原料的树种主要是松树、杨树和桉树。根据第八次全国森林资源清查的结果,现有森林资源中,可用于造纸的松树、杨树和桉树等用材林面积为2 728.71万公顷,蓄积量为157 460.96万m^3,其中,中幼龄林面积为2 027.87万公顷,占74.3%,近、成、过熟林面积为700.84万公顷,占25.7%;中幼龄林蓄积量为84 986.60万m^3,占54.0%,近、成、过熟林蓄积量为72 474.36万m^3,占46.0%。根据全国用材林年均净生长量推算,现有可用作造纸的用材林资源,每年净生长量约为873.05万m^3,可提供造纸材5 511.13万m^3(按约70%的出材率计算),可生产木浆(按每吨消耗4.5 m^3计算)约1 224.96万t。如果这些资源的50%用于造纸,可生产木浆612.48万t。

我国虽然幅员辽阔,森林资源分布却极不均匀,主要有东北林区及西南林区,且大多数林区比较边远,这样也就促使林产品的生产重点集中在上述偏远地区。据统计,黑龙江、吉林、内蒙古三省区的有林地占全国有林地的29.78%,南方集体林十省区的有林地占全国有林地的48.88%。我国林业用地及森林资源在各个省区分布的不均匀,造成了林产品供给的地域性和集中性[4]。这种林产品供给的地域性和集中性与需求的大量分散性显然是矛盾的,从而使林产品的物流运输成本大幅度提高[5]。

从用户需求的角度分析,林产品的需求来自社会的多个部门、多个行业,而且这些需求是多样的、广泛的,同时随着社会经济的不断发展,这种需求的多样性和广泛性还会越发明显。而单个林产企业生产经营上的单一性以及生产与消费信息的不对称性却加大了供需之间的矛盾,这就注定了林产企业的生产经营、物流配送活动必须具有更大的弹性,必须面向全社会,在经营管理上进行革新,实现供给创新,高度重视物流管理[5]。

2014年林业产业总产值达到5.40万亿元(按现价计算),比2013年增长14.20%。自2001年以来,林业产业总产值的年平均增速达21.96%。

从各分产业看,第一产业产值为18 559.46亿元,占全部林业产业总产值的34.35%,同比增长14.75%;第二产业产值为28 088.04亿元,占全部林业产业总产值的51.98%,同比增长12.46%;第三产业产值为7 385.44亿元,占全部林业产业总产值的13.67%,同比增长19.80%。以林业旅游与休闲为主的林业服务业所占比重逐年增大，产业结构逐步得到优化。

2014年出现了两个超万亿元的林业支柱产业，分别是经济林产品种植与采集业和木材加工及木竹制品制造业。其中包括干鲜果品、茶、中药材以及森林食品等在内的经济林产品种植与采集业产值为 10 728.04 亿元，占第一产业的比重为 57.80%；包括锯材、人造板、地板等在内的木材加工及木竹制品制造业产值为 11 028.95 亿元，占第二产业的比重为 39.27%。第三产业中，林业旅游与休闲服务业产值为 5 321.24 亿元，占第三产业的比重最大，为 72.05%，全年涉林旅游和休闲的人数达 19.83 亿人次。

从各地区看，东部地区林业产业总产值为 26 456.97 亿元，中部地区林业产业总产值为 11 593.94 亿元，西部地区林业产业总产值为 11 211.39 亿元，东北地区林业产业总产值为 4 770.65 亿元。中、西部地区林业产业增长速度最快，增速都超过了 20%。东部地区林业产业总产值所占比重最大，占全部林业产业总产值的 48.96%。林业产业总产值超过 3 000 亿元的省份共有 6 个，分别是广东、山东、福建、江苏、广西和浙江。

1.1.2 我国造纸业现状分析

改革开放以来，我国造纸业发展迅猛，据中国造纸协会数据显示，2015 年全国纸及纸板生产企业约 2 900 家。全国纸及纸板生产量约 10 710 万 t，较 2014 年增长 2.29%。消费量 10 352 万 t，较 2014 年增长 2.79%，人均年消费量为 75 kg（按 13.75 亿人计算）。2005—2015 年，纸及纸板生产量年均增长率为 5.71%，消费量年均增长率为 5.13%，如表 1.1 所示。

表 1.1　历年机制纸及纸板生产情况　　　　　　　　　　万 t

年份	2005	2006	2007	2008	2009	2010	2011	2012	2013	2014	2015
国内产量	5 700	6 500	7 350	7 980	8 640	9 270	9 930	10 250	10 110	10 470	10 710

自从加入 WTO 后，我国从改变原料结构入手，确定了以木浆为主发展纸业的战略。我国目前以木材为原料的制浆造纸企业有 300 余家，生产能力约 320 万 t，最大的制浆企业规模为 100 万 t/y。

我国造纸业未来发展的重点之一，就是调整产品结构，重点发展以木浆为主的新闻纸、高档文化纸和高档包装纸板这三个市场需求量较大的纸种。这对造纸业的发展提出了更高的要求，也为林纸联合提供了更广阔的发展空间。

1.1.3 制浆和造纸工业的原料及相关技术

造纸工业使用的原料是植物纤维原料，而木材纤维原料的品种繁多，造纸工业使用的木材原料以木质软、纤维长、树脂含量少的浅颜色木材为上等。具体如下：

(1)针叶材。如松木(红松、马尾松、落叶松、黑松等)、杉木(云杉、冷杉等)，叶呈针状，纤维细长，强度高，木素较阔叶木含量高。

(2)阔叶材。如桦木、栎木、桉木、杨木等，叶呈扁平状，纤维短粗。

木材纤维原料的化学成分如表1.2所示。

表1.2　木材纤维原料的化学成分　　　　　　　　　　%

材种	水分	灰分	溶液抽取物				聚戊糖	蛋白质	果胶	木素	纤维素	聚乳糖	聚甘露醇
			冷水	热水	乙醚	NaOH							
云杉	10.97	0.78	1.42	2.68	0.37	12.43	11.62	0.62	1.32	28.43	46.92	1.10	4.76
马尾松	11.47	0.33	2.21	6.77		22.87	8.54	0.86	0.94	28.42	51.86	0.54	6.00
落叶松	11.67	0.36	0.59	1.90		13.03	11.27		0.99	27.44	52.55		
红松	9.64	0.42	2.69	4.15		17.55	10.46		0.79	27.69	53.12		
云南松	9.53	0.23				11.29	8.91			24.93	48.87		
白桦		0.15	1.07	1.55		17.35	29.00			18.63	49.64		
青杨		0.70	1.32	2.49		21.88	21.39			22.61	54.52		
山杨		0.28	1.71	3.44		19.89	26.13			17.49	54.08		

采用不同的制浆方法，使用不同的原料，生产出来的纸浆特性也不相同。化学法制浆是使用化学药品将原料中的木素的成分溶解，使纤维分离，生产时纸浆得率最低。机械法制浆是使用机械的方法将原料的纤维分离，由于没有去除原料中的木素，因此纸浆得率最高。化学机械法制浆是采用化学和机械的方法将纤维分离，简称化机浆。本书研究化机浆。

化机浆首先使用化学药品对原料进行预处理，使原料软化，然后使用机械力将原料的纤维分离。

纸浆的生产方式如图1.1所示。

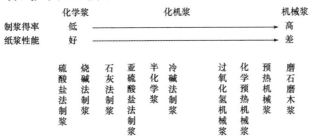

图1.1　纸浆的生产方式

1.1.4 林浆生产工艺流程

(1)木材的接收。由卡车运到工厂的原木可以直接通过备料车间进入制浆车间。在制浆车间不生产或进厂的原木量大于生产的需要时，原木可以卸到仓库进行储存。进厂的原木量不足时，由仓库储存的木材进行补充。

(2)原木的剥皮。原木剥皮的目的是将木浆生产过程中没有价值的树皮去掉，提高产品的质量。树皮不仅没有利用的价值，它的存在还会增加生产过程化学药品的消耗，使产品的质量降低。没有去除干净的树皮混杂在木片中，也会使生产的纸浆白度下降，尘埃增加。使用装料机将进入制浆车间的原木装入圆筒剥皮机前的进料输送机。从原木进料输送机掉出的原木掉入旋转的剥皮鼓内，依靠本身的重力不断翻滚，原木之间相互碰撞、相互摩擦，将树皮剥掉，剥去树皮的原木从剥皮鼓中卸到出料链式输送机上。从剥皮鼓流出的木材量可以由剥皮鼓的出料门进行控制。在剥皮鼓的外壳上有开孔，在剥皮鼓内剥去的树皮可以从开孔中掉出，树皮掉到剥皮鼓下面的树皮运输机上。将从剥皮鼓出来的原木送到出料链式输送机上，再由辊式输送机送到削片机喂料皮带输送机上。辊式输送机上有一个洗涤站，在此处使用四个高压喷淋头对剥皮以后的原木进行清洗，将原木上已经疏松但粘连在原木上的树皮冲洗掉。

(3)原木的削片。皮带输送机将原木送至削片机的重力喂料口。原木进入削片机，削片机刀盘上安装的削片刀将原木切削成木片，削好的木片直接落入削片机下面的平衡仓。料仓底有一个出料螺旋，出料螺旋将木片送到木片螺旋输送机，由木片螺旋输送机将木片送到木片筛。

(4)木片的筛选。从削片机出来的木片，经常有粗大的木条、过大的木片、木屑和锯末等。为了保证化机浆产品的质量，要求生产使用的木片必须均匀一致。因此，对原木切削以后的木片必须进行筛选，去除过大的木条和木片，同时也要去除细小的木屑和锯末。为了充分地利用木材原料，过大的木条和木片需要经过再碎机进行再碎，然后返回木片筛重新进行筛选。细小的木屑和锯末单独送出到树皮堆放场。

(5)合格的木片送至木片仓或木片堆场。经过筛选的合格木片送到木片堆场或直接送到化机浆车间的木片仓。

(6)洗涤。使用热水对木片进行洗涤，去除木片中夹带的杂质和黏附在木片上的砂石。

(7)汽蒸。对木片进行汽蒸。在软化木片的同时，使用蒸汽置换木片内部的空气，以去除纤维细胞内的空气，提高木片吸收药液的能力。

(8)浸渍。在浸渍器内，汽蒸后，热的木片与冷的药液接触，木片内的蒸汽冷凝,在木片内部形成局部的"真空",利用"真空"的力量将药液吸收到木片内部的纤维结构中。

(9)预热。经过浸渍后的木片进入反应仓。在一定的温度下对木片进行预热,在预热的过程中,保证药液均匀地渗透到木片的内部,并且在木片内部与木素发生化学反应,使木片的结构变得松软,在以后的磨浆过程中分离出更多的长纤维。

(10)磨浆。磨浆机磨浆可以分为两步:一是将木片破碎分离成纤维;二是对分离以后的纤维进行精磨,以使纤维的表面受到更多的机械力作用,达到细纤维化的目的。

(11)纸浆的洗涤。通过洗涤,去除残留在纸浆中的可溶性杂质。

(12)纸浆的漂白。对于一些白度要求较高的纸浆产品使用过氧化氢进行漂白。

化学机械浆的生产工艺流程如图1.2所示。

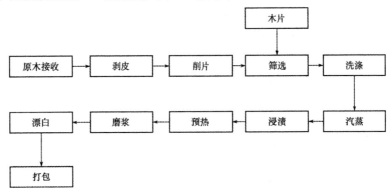

图1.2 化学机械浆的生产工艺流程

1.2 生产物流管理理论概述

1.2.1 物流的定义与演变过程

物流目前被普遍认同的定义是由美国物流管理协会在1984年所下的,即"物流是以满足客户需求为目的,为提高原材料、在制品、制成品以及相关信息从供应到消费的流动和储存的效率与效益而对其进行的计划、执行和控制的过程"。换句话说,物流是指与采购、供应、生产、销售等企业经营活动相对应,将信息传递、运输、配送、库存控制、仓库、装卸搬运以及包装等物流活动综合起来的一种系统化、集成式管理,它的目的是提高企业的收益(销售额的提高和利益的扩大),

即通过对重要资源如时间(快速送达)、物流质量(优良的运送、无差错运送)、备货(所需要的商品和数量)、库存(低库存)、信息(在库、断货信息、运送中的信息、送达信息)等物流服务品质的提高,以及从原材料供应开始到商品的生产和产品面向最终客户整个过程的物流成本的降低,来实现企业的高收益。其任务是以尽可能低的成本为客户提供最好的服务[6-9]。

"物流"一词最早出现在美国。1921年阿奇·萧在《市场流通中的若干问题》(Some Problems in Market Distribution)一书中提出,物流是一个与创造需要不同的问题,提到物资经过时间或空间的转移,会产生附加价值。早在1918年,英国犹尼里佛的利费哈姆勋爵成立了"即时送货股份有限公司"。该公司的宗旨是在全国范围内把商品及时送到批发商、零售商以及用户手中,这一举动被一些物流学者誉为有关物流活动的早期文献记载[10-14]。

1935年,美国销售协会最早对物流进行了定义:物流是包含于销售之中的物质资料和服务于从生产地到消费地的流动过程中伴随的种种活动[15]。

第二次世界大战期间,美国对军火等进行的战时供应中,首先采用了"后勤管理"(Logistics Management)这一名词,对军火的运输、补给、屯驻等进行全面管理。从此,后勤逐渐形成了一门单独的学科,并不断发展为后勤工程(Logistics Engineering)、后勤管理(Logistics Management)和后勤分配(Logistics of Distribution)。后勤管理的思想和方法后来被引入商业部门,被称为商业后勤(Business Logistics)。其定义为"包括原材料的流通、产品分配、运输、购买与库存控制、储存、用户服务等业务活动",其领域统括原材料物流、生产物流和销售物流[16-24]。

2004年美国物流管理协会再次修改物流的定义,指出"物流是以满足客户需求为目的,对产品、服务和相关信息从生产点到消费点的有效率和有效果的正向和逆向流动和储存的进行计划、执行和控制部分的供应链过程[25]"。由此可以看出,物流管理的范围又进一步扩大了,它对所有物流活动与包括营销、销售、生产、废物回收、财务和信息技术在内的其他功能进行协调和优化。

1979年,我国从日本引入"物流"概念,经过20多年的研究和探讨,于2001年在《物流术语》(GB/T 18354—2001)(现行标准为 GB 18354—2006)中统一了物流的定义。物流是物品从供应地向接收地的实体流动过程。根据实际需要,其将运输、储存、装卸、搬运、包装、流通加工、配送、信息处理等基本功能实现了有机结合[26]。

1.2.2 物流管理信息化

信息化至少包含两方面的含义:一方面,信息本身的特性决定了其具有一种载体的功能;另一方面,实现信息交换的信息技术作为一种先导技术,广泛地应用于包括物流行业在内的诸多行业。基于这种理解，物流信息化至少有两个层面的含义：第一，信息成为物流业务中商流、物流（商品移动）、资金流的载体；第二，通过信息交换实现物流业务，反映物流资源的信息成为信息资源，并且信息资源已经成为企业竞争的一种情报和财富，通过信息技术在物流领域的应用，实现物流管理的全面信息化。

综上所述，物流信息化是一个由物流信息技术、计算机网络、管理方法集成的物流实务经济转向物流信息经济活动综合性的过程。物流信息化包括物流系统设计信息化、物流运作过程信息化、物流基础设施信息化、物流管理理念和手段信息化、物流信息技术产业化等内容[27]。物流集成化涉及物流系统设计、物流功能、物流信息、物流过程、物流管理等的集成化，是物流高级化的重要表现形式之一。而物流信息化是物流集成化的基础和前提，也是物流高级化发展的基本保障[28]。

物流发展的总趋势是物流的现代化、国际化和信息化。而物流信息化是物流国际化、现代化的基础。尤其是随着以电子化、网络化和数字化经济为特征，以电子商务为核心的"e时代"的来临，物流信息化越发面临着挑战与动力。物流作为一个涉及投入和产出的重要环节，在企业经营管理中起着重要作用，而物流信息化的重要性也越来越被人们认同。

(1) 物流信息化促使物流成本减少。无论是企业物流还是物流企业，如何对自身物流资源进行优化配置，如何实施管理和决策，以最小的成本带来最大的效益，是其所面临的最重要问题之一。物流的信息化能够使管理人员运用智能规划理论和方法，高效地进行运输资源的使用、运输路线的选择、工作计划的制订、人员的安排、库存数量的决策、需求和成本的预测、系统的控制等，进而取得良好的经济效益。

(2) 物流信息化有助于提高物流传递的效率和质量。物流不仅运输物资，而且也在传递信息，使各种信息经过加工、处理传播出去。物流信息化的目的并不是精简人员、节约费用，而是要形成一个效率高、质量好的物流系统，提高物流传递的效率和质量。

(3) 物流信息化有助于提高企业竞争力。物流信息化包括物资采购、销售、存储、运输等物流过程的各种决策活动，如为企业制订采购计划、制订销售计划、供应商的选择、顾客分析等提供决策支持，并充分利用计算机的强大功能汇总和分析物流数据，在物流管理中选取、分析和发现新的机会，进而使企业做出更好的采购决策。物流信息化销售和存储决策，能够充分利用企业资源，增加对企业的内部挖潜和外部利用，从而降低成本，提高生产效率，增强企业竞争力。

1.2.3 生产物流管理理论

生产物流是指从企业的原材料、外购件入库到企业成品库的成品发送这一全过程的物流活动。它贯穿从原材料和协作件的采购供应,到生产过程中半成品的储存、装卸、运输和成品包装,再到仓储部门的入库验收、分类、储存、配送,最后送到客户手中的全过程,以及贯穿整个物流的信息传递过程。

在生产领域,物流功能的独立性并不是很强,它往往和生产活动穿插交织在一起,始终没有能够成为一个单独的物流系统。在企业内部生产领域,能够独立运作的物流活动主要体现在仓储部门,在大型生产企业的分厂和分厂之间、车间与车间之间也可以看到独立的运输活动。但是其他物流活动,如加工过程中物料的重复搬运,就很难区分哪些是工艺过程的加工活动,哪些是纯粹的物流活动。尤其是化工、建材、钢铁、造纸等行业,许多生产过程是在运动中实现的,因而更难区分。这也许就是生产物流没有得到普遍重视和认同的主要原因[79]。

对生产物流进行管理就是要保持企业物流协调、畅通、快速、准确、安全、高效地运行,从而降低企业的生产成本。企业通过缩短生产物流作业时间,来保证产品交货期;通过提高物流作业质量,来保证产品质量;通过优化物流作业空间,来提高生产物流设施利用效率;通过减少生产物料库存及在制品数量,来减少流动资金的占用,降低产品制造成本;通过降低蕴含在整个生产过程的物流成本,如燃料中的物流成本、材料中的物流成本、人力中的物流成本、加工过程中的物流成本等,来提高整个生产的水平,减少消耗和占用,降低生产的总成本[80]。

生产物流研究的核心是如何对生产过程的物料流和信息流进行科学的规划、管理与控制。生产物流在发展过程中,主要出现了以下几个管理理论:

(1)流程再造。企业业务流程再造,是指在外界环境发生很大变化的情况下,改造企业原有的管理流程,提高工作的效率和用户的满意度,以增强企业的竞争力,使企业适应未来的生存和发展空间。它以信息技术、员工素质和拓展性思维作为综合条件,对企业工作流程进行根本、彻底的重新设计,以求在质量、成本和处理周期等业绩指标上取得明显改善。

(2)精益物流管理。精益物流管理是运用精益思想对企业物流活动进行管理,它与精益生产紧密相连,不可分割。精益生产是一种源于丰田汽车制造的流水线制造方法论,其目标为"在适当的时间(或第一时间)使适当的东西到达适当的地点,同时使浪费最小化和适应变化"。精益生产不但可以减少浪费,还能够增进产品流动和提高质量。

(3)JIT及看板管理。JIT即准时化生产,要求"在需要的时间,将需要的物品,按需要的数量送到需要的地方"。JIT根据实际的订单需要发出补充信号给装配单元,装配单元根据相应信号补充成品,并向上游工序发出补充信号,如此逐级补充,使得生产线连续流式运行。准时化生产方式的主要工具是看板,看板上记录着零件号、零件名称、零件的存储地(取货地、送货地)、生产或取货数量、所用工位器具的型号、该零件看板的周转张数等,以此作为取货、运输、生产的依据和信息。

(4)最优化生产技术(OPT)。OPT强调的是车间现场,其着眼点在于企业车间现场的一些决策量上,并据此来实现对生产的计划与控制。其做法的基本点是使用一些重要的判定准则来决定每一作业的先后顺序,即使用一组"管理系数"的加权函数,来确定每个作业的优先权数及批量,制订出一个合理的生产计划。这些管理系数涉及理想的产品组合、交货期、安全库存水平以及瓶颈资源的使用等。

(5)界面管理及交接管理。界面主要是用来描述各种仪器、设备、部件及其他组件之间的接口,当各类组件结合在一起时,它们之间的结合部分就称为界面。由于界面的概念较好地反映了两种物体之间的结合状态,能够用于说明要素与要素之间的关系,因此人们将其引入管理活动中。从管理的角度来理解,界面的内涵和外延都得到了拓展。它不仅指不同职能部门之间的联系状况,也可以反映不同工序、流程之间的衔接状态,甚至还可以描述人与物之间的关系,如人机交互界面等。交接管理是一种新的、正在完善的管理理论。生产生活中存在大量的交接现象,如产品生产过程中工序的转换,由产品型号转换所要求的模具更换,物流中商品的交接和转运,工作岗位上人员的接替,等等。交接的管理不善,会造成待工、待料或等待新的资金投入甚至等待审批,直接导致大量人力、物力的浪费,使企业失去竞争力。

1.2.4 生产物流的特点

(1)生产物流是生产工艺的一个重要组成部分。生产工艺过程和物流过程联系非常紧密,它们之间的联系方式有很多种,有的是生产工艺要求在物流过程中实现加工和制造,有的是通过物流将不同的加工制造环节连接在一起。一体化模式是生产物流的一个主要特点,"商物分离"现象在生产物流活动中不会出现。

(2)"成本中心"在生产物流过程中显得非常重要。在生产过程中,物流对企业资源的占用和消耗,是组成生产成本的一个重要部分。

(3)生产物流是针对性非常强的"定制"物流。它必须完全适应生产工艺的要求,面对的是特指的物流需求,而不是面对社会上的、商品经济条件下的物流需求。因此,生产物流可以通过"定制",取得较高的生产效率。

(4)生产物流是小规模的精益物流。生产物流由于只面对特定工艺对象,因此,物流规模取决于生产企业的规模,这和社会上千百家企业通过一定的关联形成的物流规模比较起来，相差甚远。由于生产物流规模有限，并且在一定时间内规模保持不变，这就可以实行精准的策划，可以运用资源管理系统等有效的手段，使生产过程中的物流"无缝衔接"，实现物流的精益化管理。

生产物流系统是使生产制造各环节成为有机整体的纽带。现代生产物流系统将向着自动化、机械化、智能化、科学化，以及实现物流系统时间和空间的高效益方向发展，对它的重视和推广使用必将进一步提高企业的经济效益，成为企业在激烈的市场竞争中立足的重要手段。

1.3 国内外相关研究现状

1.3.1 国内外物流业发展情况综述

随着以信息技术为主要代表的现代科学技术的迅猛发展，知识经济已现端倪，经济全球化趋势越来越明显，世界经济增长速度加快，现代物流作为一种先进的组织方式和管理技术在降低成本、提高流通效率和企业竞争力方面起着非常重要的作用。物流产业作为国民经济中一个新兴的产业，正在全球范围内迅速发展。如今，物流产业被认为是国民经济发展的动脉和基础产业，其发展程度已成为衡量一个国家现代化程度和综合国力的重要标志之一，被称为促进经济发展的加速器。20世纪90年代以来，世界物流产业持续10年保持20%～30%的高速增长，并迅速上升为与高科技产业、金融业并驾齐驱的三大朝阳产业之一[29]。

国内外物流业发展现状如下：
(1)国外物流企业的技术装备已达到相当高的水平。
(2)专业物流形成规模，共同配送成为主导。
(3)物流企业向集约化、协同化、全球化方向发展。
(4)电子物流需求强劲，快递业发展迅猛。
(5)绿色物流将成为新增长点。
(6)物流专业人才需求增长，教育培训体系日趋完善。

随着经济的持续快速发展，中国物流业呈现出高速增长的势头。根据国家统计局、中国物流与采购联合会和中国物流信息中心统计测算，我国物流业发展情况如表1.3所示。从表中可以发现，我国物流业发展规模增长很快，全国社会物流总额从2004年的38.4万亿元增长到2012年的177.3万亿元，年复合增长率达21.07%。从社会物流总额构成情况来看，2012年，工业品物流总额为162万亿元，按可比价格计算，同比增长10%，工业品物流总额占社会物流总额的比重为

91.4%，工业物流成为推动社会物流总额增长的主要动力；农产品物流总额为2.89万亿元，按可比价格计算，同比增长4.5%。这些数据说明我国的物流业的发展正逐步由粗放型发展阶段进入追求效率型发展阶段，物流业发展质量得到了提高[30,31]。

表1.3　我国物流业发展情况

年份	2004	2009	2010	2011	2012
社会物流总额/万亿元	38.4	96.65	125.41	158.4	177.3
物流成本占GDP比重/%		18.1	17.8	17.6	17.9

自20世纪90年代以来，随着新经济和现代信息技术的迅猛发展，现代物流的内容仍在不断地丰富和发展。信息技术特别是网络技术的进步，为物流发展提供了强有力的支撑，使物流向社会化、专业化、集约化、信息化、网络化、智能化、绿色化方向发展。这不仅使物流业和工商业建立了更为密切的关系，而且使物流业为各用户提供了更高质量的物流服务。20世纪末，电子商务像杠杆一样撬起传统产业和新兴产业，成为企业决胜未来市场的重要工具。而在这一过程中，现代物流成为这个杠杆的支点。目前，世界现代物流业的发展呈现出六大趋势：一是系统化趋势。现代物流通过统筹协调、合理规划和优化商品的流动，以达到利益最大化或成本最小化。为满足用户不断变化的需求，现代物流已成为跨部门、跨行业、跨地域的综合系统，从为社会提供采购、运输、仓储等传统服务，扩展到以现代科技、管理和信息技术为支撑的综合物流服务。二是信息化趋势。借助商品代码、数据库的建立和现代信息技术的应用，在运输网络合理化和销售网络系统化的基础上，整个物流系统实现管理电子化和智能化，物流业进入以网络技术和电子商务为代表的信息化新阶段。三是社会化趋势。首先，第三方物流和第四方物流的兴起把物流节点的功能服务扩大到更大范围的物流渠道的一体化服务；把运输管理、存货调度和信息技术结合起来，以较低的渠道总成本向用户提供增值服务；对整个供应链流程进行动态把握、监控，把现有信息进行有效整合，使物流服务具有了高附加值；使原属于企业内部的物流部门成为社会化和专业化的物流供应商。其次，从原有供应商或销售商单独建立的物流中心，逐步转变为由政府指导规划、由独立的投资者建立物流园区和物流中心，节约了大量社会流通费用，实现了资金流的合理化。四是仓储、运输现代化与综合体系化趋势。仓储现代化要求高度机械化、自动化、标准化，组织成一个高效的人、机、物系统；运输现代化要求建立铁路、公路、水路、空运与管道的综合运输体系。五是物流与商流、信息流一体化趋势。现代物流的功能逐步拓展，将商品的交易、产品的

位移和信息的传递,综合形成物流集成,实现"三流合一"。六是物流绿色化趋势。绿色物流包括两方面的内容:一方面是对物流系统污染进行控制,即在物流系统和物流活动的规划与决策中,尽量采用对环境污染小的方案,如采用排污量小的货车车型、近距离配送、夜间运货(减少交通拥堵,节省燃料和降低排放)等;另一方面把有效利用自然资源和保护地球环境放在首位,走可持续发展的道路,建立起全新的从生产到废弃全过程高效率的、信息流与物质流循环化的工业和生活废料处理的绿色物流系统[32-36]。

1.3.2 物流管理理论研究综述

从总体上来看,我国绝大部分企业,特别是中小企业仍处于第一个阶段,即要用少量的投资,解决业务各流程的信息化问题,目标是建立决策依赖信息、数据的机制,并将财务核算深入各业务环节。少部分基础较好的企业已经进入了第二层需求,即优化流程设计和运行操作。这样的企业有较好的经营管理机制和信息化基础,可以为流程再造提供制度保证和数据基础。此类需求虽然还不大,但增长比较快。进入第三层的我国企业目前还是凤毛麟角[37],在我国几乎看不到涉及合作企业之间协同业务的内容。但是这并不是说供应链思想在我国不适用,如果有意识地宣传、探索供应链理论和实践,就可以加快我国现代物流和供应链管理的发展。

以信息化的基本内容为主的案例占80%以上。例如,奥康集团采用了用友的网络分销管理系统,有效杜绝了"信息贪污"。最直接的效果是使企业对市场变化的反应更灵敏,从而抓住稍纵即逝的商机。可以把物流企业的ERP也归为此类,因为此类系统主要解决流程的规范化、管理的科学性和运行效率等问题,尤其是采用科学的物流成本效益核算方法,使物流成本和效益分摊至各物流环节,通过系统的分析,为改善物流流程提供决策数据,并不断分析,不断改善,使物流系统的运作和总体物流效益逐步趋向最优化。在这里能够看到的是利用信息技术建立一种决策依赖于信息的机制[38-40]。

以流程改造为主、具有较强操作优化功能的案例所占的比重为15%~20%,其中多数是在供应链的一些关键环节上突出表现出来的,如集中采购、集中库存、运输优化管理等。一般来说,流程的改造必然涉及企业组织结构和制度的变革,难度比较大,所以经常是一个个环节分步实施、逐步完善的。一汽集团的采购供应链管理系统就是这样一个案例。过去,一汽集团的零配件采购分散在许多部门,管理分散,采购政策和标准不统一,采购行为不规范,造成物资资源"散、乱、差"的局面。经过流程改造,一汽集团确定了集中采购的新模式,成立了集团采购部,建立了采购资源网。经过实践运行,这套系统得到一汽集团采购部的好评,也取得了明显的经济效益。许多例子证明，集中采购一般可以降低5%～10%的采购成本。东风汽车股份有限公司开发的整车仓储电子化管理项目，则是操作过程优化的另一个典型案例。该系统根据优化理论，建立了一套数学模型，可以在仓储面积、车型集中管理和存取顺序等多项约束条件下进行仓储方案的优化，确保每天的运行都处在高效率、低成本的状态，常年运行下去的效益十分可观。信息系统能否在线地提供高效、优化的操作运行方案是衡量物流系统水平高低的一项重要标准，因为这些系统每天都在运行，积累的效益(或者损失)是巨大的[41~44]。

严格意义上的供应链管理系统目前还是极为罕见的。但是供应链思想正在不同程度地渗透到各种物流信息系统建设中，促进企业之间建立战略合作伙伴关系，通过信息共享来协同业务流程，从而提高整个供应链的效率，使得整个供应链都能受益。莱州粮食物流管理系统是具有一定典型性的案例。粮食流通的链条涉及农户（生产者）、收储站和储备库（收储）、管理机构（调运）、农业银行（信贷）、财政部门（补贴）等环节。该系统不仅是一套物流管理系统，而且是以粮食流通企业为龙头的农业产供销供应链，既是一种新型的流程，也是一种企业（及有关单位）之间新型的战略伙伴关系。更可喜的是，该系统使各方面都能受益、都满意。这说明在这个案例中流通企业"链主"的角色是成功的。

另一个值得关注的特点是，制造业企业的物流信息系统多半是ERP的某种延伸，连锁分销企业的物流信息系统则是其核心竞争力的支柱。这一点说明制造业的物流外包在短期内可能发展得不会很快，但是国内主流的观点仍然认为制造业信息化的重点是ERP。

关于物流软件的提供商究竟有多少的问题，目前还没有确切的答案。据专家估计，仅国内就有500多家，此外还有一些知名的国外物流商、IT商和咨询公司。这些企业可以大体分为以下几类：

第一类是国外著名的大公司，其中既有像IBM、Oracle这样的著名IT商，也有像SAP这样的专业性物流和供应链管理软件供应商。这类企业的主要市场是高端客户，如跨国公司在华的分公司、国内大型制造商或物流商。

第二类是国内比较成功的物流专业性软件供应商，如招商迪辰、中软冠群、博科、全程物流等。这些企业往往有国外资金或技术背景，起点较高，有本土化优势。其中特别要提到的是有些软件公司在国内某些行业、领域是比较成功的，如上海时运、五奥环等在连锁分销领域有较好的口碑。

第三类是国内知名的ERP供应商，如用友、金蝶等。这些企业在财务管理系统领域取得了较大的市场份额，进而向企业管理软件ERP领域进军。由于有较好的客户群基础，也由于绝大多数制造业企业的信息化是以ERP为主要内容的，物流只是ERP的一种延伸。

第四类是其他物流软件供应商，其规模小、实力弱，大部分还很不稳定。其中有些成功的企业，主要得益于物流信息化需求的增长，自身在某些方面有一技之长，且成本低，价格有优势。

总的来看，国内物流软件在品牌上比较分散，在技术上也缺乏标准化的指导，软件供应商对于物流业务的认识还不够深入，造成了供应商重技术开发、轻业务应用的偏向。事实上，物流软件和其他许多管理软件一样，其核心是管理思想，物流方案首先是流程诊断、设计和优化，技术方案是第二位的。

物流信息平台通过对数据采集，为物流企业的信息系统提供基础支撑信息，满足企业信息系统对信息的需求，支撑企业信息系统各种功能的实现；同时，通过信息支撑政府部门间行业管理与市场规范化管理方面协同工作机制的建立。

自从电子数据交换技术问世以来，对于物流信息平台的研究和探索就一直没有停止过。互联网技术出现并引入我国以后，物流信息平台的基础应该建在互联网上，这已成为共识。

但是，物流信息平台的难题并不在技术上，而是在商业模式上，所以一个物流信息平台是否成功，最终取决于应用，即有没有客户群使用这样的平台，并给他们带来效益，同时平台自身也能获得生存、发展。在这方面的探索和争论也一直围绕着商业模式来展开。其主要有两派观点：一派观点认为，物流信息平台应该是一个有形的网站，负责提供信息交换、基础信息服务、基础技术服务；另一派观点认为，物流信息平台实际上是一种标准，或者是信息交换的协议，根据一种公共的信息结构、编码，所有的网站之间可以进行信息的无缝联结和交换，并不需要、也不可能建一个垄断性的公共平台网站。

实践的结果是上述两种观点的结合，即既有有形的网站提供信息交互服务，又不是唯一的、垄断的，平台的功能主要是标准化和信息共享，使得多个网站均能提供"一站式"服务。

中国电子口岸是一个物流信息平台的成功实践。中国电子口岸充分运用现代信息技术，借助国家电信公网资源，将外贸、海关、工商、税务、外汇、运输等涉及口岸行政管理和执法的进出口业务信息流、资金流、货物流的电子底账数据，集中存放在一个公共数据中心，在统一、完全、高效的计算机平台上实现数据共享和数据交换，使口岸行政管理和执法部门可以进行跨部门、跨行业的数据交换和联网数据核查，使企业可以在网上办理报关、报仓、结付汇核销、出口退税等各种进出口业务[45—47]。

建材行业正从事的建材物流信息平台建设是很值得关注的。有关部门在政府的支持下，从建材产品的标准化管理入手，搭建了一个信息平台，采用与国际标准接轨的编码技术和认证程序，把所有建材产品信息用数据库管起来。在应用上从建筑设计部门入手,即设计部门必须使用注册的建材产品,从而引导施工企业和业主的采购,之后,实现搭建采购平台,然后扩展成为物流平台,这是很有创意的探索,也是很合理的。从国外经验来看,它们虽然并没有很多成功的物流信息平台,但是成功的采购平台不乏其例。这个案例也说明了物流信息平台是与标准化问题紧密联系在一起的。

此外,还有一类平台主要是以技术服务为主的,如 GPS/GIS 系统。据了解,此类平台的技术趋于成熟,主要的问题在于降低成本和培养需求,在这些问题没有解决之前,资源闲置的现象是难以扭转的[48]。

21 世纪,我国物流业进入全面发展阶段,巨大的物流空间、繁荣的经济形势、开放的市场条件等都给物流业带来了前所未有的机遇,但在发展过程中也暴露出了一些问题,主要表现为:

(1) 物流资源布局不够合理。由于业务管理与行政管理的割裂、地理区划与管理区划的分离、供应关系与管理关系的不同以及信息共享与沟通渠道的不畅等,各地、各行业、各企业的物流建设各自进行,互不通气,导致全国物流资源未能很好地规划和布局,在物流运作中产生倒流、迂回与重复等不合理现象。

(2) 物流资源利用不平衡。基于历史原因,我国的许多仓库、运输队等物流企业分属不同的行业或部门,由于信息不畅和体制不健全,使得有些单位物流资源利用供不应求,而另一些单位物流资源空闲,造成物流资源总体利用失衡。

(3) 物流运作不协调。当前,供应链成员在制度、技术、组织等各方面的差异以及所存在的条块分割、利益冲突、信息失真和延迟等因素,使得物流供应链存在信息不能充分共享、需求不能准确传递、反应不及时等问题,最终导致物流运作不能够达到高度的统一与协调,降低了物流服务效果。

(4) 物流集成度低。从数量上看,我国有不少企业从事运输、货代、仓储等物流服务,但从水平上看存在规模太小、范围窄、管理差、效率低、成本高的问题,其原因在于没有形成优势互补、强强联合、共同发展的局面,分散的、单一的功能不能满足一体化物流需求。

分析上述问题不难发现,阻碍我国现代物流发展的核心症结是没有充分有效地实现物流信息的共享与处理,缺少对采购、运输、储存、保管、配送、服务等物流各环节进行信息标准化采集和交换的手段,缺少为物资的供应方、需求方、配送方、储存方提供实时沟通与联合作业的信息平台,缺少能够提炼各种信息实现宏微观决策支持的物流决策支持系统等。总之,信息化已成为制约我国现代物流发展的瓶颈。加快对我国物流业的信息化改造,以信息化带动物流的现代化,是当前我国现代物流业发展的一个方向。

随着我国经济的发展和各项改革的深入,地区的壁垒逐步被打破,全国性的大市场正在形成。交通运输作为联系各地区经济交往的脉络和纽带,发挥着越来越大的作用。而交通运输物流企业也正成为实现区域之间物资交流和信息交换的重要手段,其重要性已经得到了社会的广泛认可。

自20世纪80年代中期以来,我国加大了对交通运输业物流信息化建设的投入,交通运输业物流信息化的发展非常迅速,但总体发展水平还不高,特别是运输专业化程度和运输效率不高,没有形成有机的综合运输网络。社会性物流中心、配送中心少,缺乏合理规划。

2001年年初,在河南郑州市召开的"全国交通厅局长工作会议"上,交通部向与会代表征求了2001—2010年公路水路交通行业政策的意见。

在这个政策的征求意见稿中明确提出,"近期,应该大力发展货运信息服务网,促进货运市场的电子化、网络化","鼓励和引导运输信息网络技术的应用","建立和完善货运信息系统"。"公路货运交易信息系统"的推广应用,正是这种精神的体现。该系统针对道路运输行业发展的实际,利用计算机网络技术和多种通信手段,以货运交易信息服务为切入点,以满足广大货主、车主需要和提高行业的运输效率、效益为目的,以发展符合我国实际的物流体系为归宿。经过"系统"研发单位近些年的进一步完善和在一些地方的试运行,"系统"推广的条件已经成熟[49,50]。

我国现代物流信息化存在诸多风险,业界人士普遍认为与推行模式有关。现有的信息化建设模式是学术界积极倡导、政府大力支持、IT企业竭力推广的模式。这种模式的优点是有利于促进物流信息化建设的跨越式发展,但很容易出现问题。突出表现为IT企业由于具有较强的接受能力和超前意识,在信息化项目的实施过程中,常常扮演决策主体的角色,而作为使用者的物流企业却成了被动的受体。这种情况持续的结果就是,由于技术人员通常缺乏行业的实践管理经验,对于现代物流理念的理解流于表面化、形式化,对于物流运输企业的实际业务流程的复杂性认识不足,开发出来的软件产品很难满足企业的需要,从而造成了物流信息系统推广困难、失败案例众多的现实状况。

企业最应该清楚自己的业务需求,这是投资信息化建设最关键的一条原则。企业实施的信息系统,并不一定是最先进的,但一定要是最适合自己的、最实用的。任何信息系统都必须与企业的业务需求相联系,与管理实际相符合。绝不能盲目追求技术层面上的最好,造成资源和资金上的浪费,甚至成为企业正常运作的一种障碍。

从客观上讲,我国物流信息化的发展程度是很低的。以从事第三方港口物流的运输及其代理企业作为代表来考察,大多数的国有和私营企业的信息化主要还停留在为传统的运输、船代、货代进行制单、结汇和货物运输登记,而在业务成交、电子报关、报验以及物流活动智能管理软件的使用方面还有相当的差距。再看美国,协同产品商务(CPC)的概念已经提出多年,未来的方向将是商务供应链上各方的物流活动不再以最终产品为对象,而是按各方不同的需求共同参与产品开发生产。由此可见,我国物流信息化的发展与国际先进水平的差距是全方位的,不仅体现在软硬件的现代化程度和操作上,在发展模式和构造理念上差距更大。

(1)受现行经济体制的制约,物流企业信息化设施和管理的发育程度较低。现今,物流信息比较分散,而且物流和信息流混杂在一起,即有货物、车辆或承运人和托运人的地方才存在物流信息的传递,这就极大地影响了物流信息传递的深度和广度,从而导致了车找不到货,货找不到车,货车实载率普遍偏低等一系列问题,因此要完善现有的物流管理系统,就必须实现物流和信息流的分离。现代化的物流不仅要求物流管理的各个环节实现自动化、智能化,而且要求物流运作的各种业务,即采购物流、生产物流、销售物流、回收物流的专业化、高效化,这就促使由独立的物流企业采用各类先进的硬件设施和软件系统进行物流活动的组织。受现行经营体制的制约,我国多数企业的物流活动由企业内部组织完成。有关数字显示,在工业企业中,36%和46%的原材料物流由企业自身和供应方企业承担,而由第三方物流企业承担的仅为18%;产品销售物流中由企业自理与第三方物流企业共同承担的比例分别是24.1%和59.8%,而由第三方物流企业承担的仅为16.1%。这种状况限制了物流活动向专业化、信息化方向发展,现有物流企业不能开发广大的市场,自然没有足够的资金成本改善自己的信息化设施和信息化管理水平。

(2)未能使物流与电子商务成功接轨。物流信息化的发展意味着使物流和电子商务在业务和技术方面实现对接与整合。这样,一方面,现代化的物流活动通过电子商务,在信息化交易的推动下发展;另一方面,电子商务通过物流活动开展具体的业务。物流的信息化发展如何进一步使物流与电子商务实现接轨,这是实践中迫切需要解决的问题[51]。

(3)物流信息平台的建设问题。建立商业流通和仓储运输企业的统一信息平台,实现信息资源的充分共享和交换,是当前物流实现信息化的核心与关键。物流信息平台的建立,可以推动现代化物流配送中心的建立,进一步完善物流产业的管理模式。物流信息平台建设的关键问题是采用何种技术或标准进行不同系统数据信息的交流与整合。这具体涉及交易软件与物流软件的对接、买卖合同与运输保管合同的对接、结算系统的对接等系统集成问题。信息系统的一体化需要在买方、卖方和物流第三方的许多实体间移动数据和传递指令,传统的EDI是大型企业惯用的极为有力的数据交换工具,但它存在很多问题,这些问题限制了它的发展。其中最严重的一个问题是它以固定事务集合的传递为基础。这种僵化的模式限制了公司通常所必需的发展需求，如引进新的产品和服务、进一步发展或替换公司的计算机系统，等等。物流信息平台的建设问题急需解决。

(4)提高交通运输物流企业信息化水平的对策。在电子商务时代，在改进物流服务理念、大力培养物流人才、打破地方保护的基础上，通过先进的信息化管理手段，将交通运输物流企业传统物流业务流程中所包含的各个彼此分离的环节集成起来，加强相互之间的联结和管理，使整个业务流程合理化、透明化，才能行之有效地实现由传统向现代物流的发展和转变。为此，应从以下几个方面着手：

①信息系统建设过程中时刻以客户为中心。在进行信息化的全过程中，应注意人在整个信息系统中的作用和态度。客户分为内部客户与外部客户，对于内部客户，需要通过有效的沟通与机制的激励来引导；对于外部客户，尤其是大型企业，围绕"专注于企业的核心能力"，不断进行经营战略调整和组织结构再造，将物流业务"外包"给物流业者。货主对物流的"及时性"要求越来越高，特别是随着作为客户的企业大力引入信息技术、建立信息系统，要求物流业者的信息技术应用水平不断创新，与不断进步的客户同步成长。

②信息化与流程再造相结合。物流的信息化首先是一个流程再造的过程，物流的成功必然伴随业务和管理流程的再造，不能局限在一个纯技术范围来研究。许多传统产业的信息化都遇到过这样一种情况：简单的应用、个别环节和功能的信息化已经得到较大的改善，但是进一步的信息化、现代化，需要解决产业的整个系统优化、流程改造、经营管理理念等问题，信息系统需要集成。业务流程重组是通过重新思考、翻新作业流程，以便在成本、品质、服务和速度等方面获得很大的改善。其核心是以顾客、流程为导向，根本性地重新思考与设计，辅助信息技术的运用，最终达到绩效的改善。

③物流节点的网络化。随着物流活动的复杂化，企业物流发展的节点逐步增多，物流节点的网络化已成为企业信息管理的关键。以美国亚马逊（Amazon）公司为例，为配合网上销售，亚马逊公司在美国、欧洲和亚洲共建立了15个配送中心，并先后规划和实施了配送节点的网络化管理。完善的配送网络体系，使亚马逊公司订货和配送中心作业处理速度大大加快，送货标准时间有效缩短。目前，其配送中心的规模及信息化水平足以与大型的传统零售公司的配送系统相媲美。

④实施企业资源计划，通过电子商务达到信息集成化。ERP的核心管理思想是实现对整个供应链的有效管理。电子商务的主要特征是利用互联网的优势，减少传统商务模式的中间环节。ERP与电子商务结合，可使物流和生产有机结合，实现物流同步和资源优化。戴尔公司通过自己的网站销售计算机，消费者在网上订货，戴尔公司确认订货后，通过计算机将信息传输给内部生产ERP系统并完成定制生产。戴尔公司运用的这种营销管理模式使其在真正意义上实现了"零库存"

⑤借助通信技术、数据交换技术及其他物流技术。信息技术的发展与通信、数据交换及其他应用技术密切相关,目前非对称数字用户环线(ADSL)、数字数据网(DDN)、异步传输模式(ATM)、无线应用通信协议(WAP)、光纤光布式数据接口(FDDI)、电子数据交换(EDI)、有线电话/传真、智能技术、识别技术、条码技术、空间定位技术、地理信息技术、自动化控制技术等已在物流活动中广泛应用,企业因地制宜地利用信息技术及其他交叉学科技术,有助于提升企业的物流信息综合管理水平。未来,信息及其管理在物流活动中将会发挥越来越重要的作用,应用信息技术和电子商务优化供应链管理是现代物流的发展趋势。企业物流信息化管理必须不断地探索和创新,才能使企业物流发展呈阶梯式上升和推进[52—55]。

⑥加强国际互联网的有效利用。国外物流企业十分重视国际互联网的有效利用,开发了基于国际互联网的各种在线查询系统,通过互联网技术,客户查询信息能够得到及时的响应,并且各种交互内容都能得到加密技术和密码的保护。同时,国外物流企业还发行了客户端工具,以桌面工具条的形式对在线费用查询系统进行导航,方便客户在个人计算机上进行查询。我国一些大的物流企业也开始利用国际互联网来获取信息,虽然同国外先进的做法相比还很不成熟,但也充分显示了我国物流企业利用国际互联网的能力与意识。另外,在信息基础设施建设、信息的安全运行环境和保障体制、金融体系的建设、法律政策环境及相关专业人才的培养上,我国物流企业都需进行规划与完善。

我国物流企业面临着巨大的机遇与挑战,只有认清目前存在的问题,大力发展物流信息化,提高人员素质,才能迅速提高我国物流企业的国际竞争力,在"第三利润源"的争夺中占有一席之地。

物流信息化的发展趋势是通过信息化技术的使用,有效形成生产商、物流商和需求方的有机供应链关系,从而降低整个商务活动的物流成本和交易成本,并最终使产品的设计生产更好地满足各方面的要求。

近年来,物流业已成为国内外产业发展的热点,而物流信息化则成为物流业发展的主要特点。在国外,美国和日本在较发达的信息化基础上,其物流活动的组织已由企业内部信息集成转向各企业间的信息集成,国际化、网络化的态势已经出现。我国也进入了大力发展物流业、积极进行信息化改造的阶段。宏观上,政府在产业政策上大力支持,深圳、上海、天津等城市投巨资将其作为支柱产业来扶持;微观上,一些传统运输企业和部分网站已将自己的经营模式向信息化物流配送的方向转变,已发展成现代化的物流企业。一般认为,物流活动主要包括运输、仓储、搬运装卸、包装、流通加工和信息活动六个环节。信息活动之所以成为现代物流发展的焦点,主要有以下几个方面的原因:

(1) 信息技术革命的结果。现代化的信息技术不但使传统物流运作的各个环节电子化、自动化，还使得整个物流业务向系统化和一体化方向发展。

(2) 现代物流活动发展的自身要求。商流和物流的分离是流通活动高效、合理组织的基本原则，而信息沟通则是两者分离的前提条件。在市场多变、商务活动日益频繁的今天，只有实现信息化的物流配送，才能满足商流与物流分离运作、有效协同的要求。

(3) 电子商务活动发展的推动。只有物流企业实现信息化，专业化电子商务的开展才能有所依托。近年来，电子商务的迅猛发展对物流业向信息化方向迈进有着巨大的推动作用。商务活动的电子化和物流活动的信息化将成为电子商务时代经济活动的突出优点。

但必须看到，我国物流业尚处于初级阶段，刚刚走上市场化的轨道，体系规模小，物流信息化程度低。我国加入WTO以后，跨国流通企业逐步大幅度进入我国市场，我国的物流业面临更大的竞争压力。因此，有效利用我国现有的物流发展条件，积极使用现代化的信息技术推进物流业的信息化，是我国物流业适应国际物流市场发展变化的基本要求[56]。

1.3.3 企业生产物流智能配送研究综述

日本丰田公司认为，大多数制造业中任何时刻都可能有85%的工人没有在工作，具体体现在：5%的人看不出来是在工作，25%的人正在等待着什么，30%的人可能正在为增加库存而工作。由于没有对公司做出直接贡献，丰田公司不把这类工作视为工作。25%的人正在按照低效的标准或方法工作，这种情况在我国很多制造企业中也都存在。

首先是认识问题。物流的概念犹如一夜春风吹遍了全国各地，各种各样的物流企业如雨后春笋般在各地建立起来，在沿海开放城市表现得尤为突出。从全国城市物流园区交流研讨会上获悉，已有20多个省、30多个中心城市制定了物流发展规划，各地物流园区、物流中心建设也搞得红红火火。在许多大中城市到处可以看到带有物流公司牌子的车辆，物流企业也是一家挨着一家。可以说，我国出现了"物流热"。但这种热度绝大部分停留在流通领域，大家似乎都忽视了存在于企业中的生产物流。总结和回顾现代物流在我国的发展，可以观察到发展的不均衡。这种不均衡主要表现在：比较关注和侧重企业外部（供应、销售）物流，而不太重视生产过程中工厂内部的生产物流；比较关注和侧重宏观、中观物流的研究和发展，不太重视微观物流的研究和发展；比较关注和侧重概念性的东西，而不太重视具体的、可操作性的东西。不可否认，物流成本在流通领域有很大的挖掘的空间，但任何理论和经验都不能照搬照抄，都应该与环境或企业的实际情况相结合，走出一条符合企业实际的道路。目前，我国市场经济刚刚得到一定程度的发展，很多政策和制度都不是很规范和完善，大力实行第三方物流在某些行业、某些地区是不可取的。

据统计，仅在我国机械行业企业中，物料、零件机加工时间只占企业生产过程的5%～10%，90%～95%的时间是物料处于停滞或装卸、搬运、包装和运送等物流过程中，并且企业流动资金的74.9%被原材料、在制品等物料所占用。由此可见，蕴藏在生产物流中的"利润"是非常大的。特别是现在，企业生产过程的柔性化、交货周期的短期化、产品成本的低廉化，已成为提升企业产品市场竞争力的重要内容。为适应个性化、多样化的用户需求，必须提高企业对市场的快速反应能力。

其次是生产流程中存在的问题。企业物流活动中的浪费现象很多，如残次品的物流活动、人员的不必要调动等，成批、大批量生产经常意味着等待和停滞，事实上，所有的停滞和等待对企业来说都是浪费。对商品不起增值作用或不增加产品附加值却增加劳动成本的劳动，都属于无效劳动，如多余库存、多余搬运和操作、停工待料、无销量生产、废次品的产生等。在大部分的生产现场都很容易看到工具摆放混乱、物料四处堆放，废弃物料到处可见[58]。

最后是对关键资源与非关键资源、关键工序与非关键工序不加以区分的问题。不考虑瓶颈资源的负荷大小及生产效率，盲目提高非瓶颈资源的利用率和生产效率，其结果只能是生产出不配套的零部件或产品，增加了库存量，积压了流动资金，并不能提高经济效益。即使一种非瓶颈资源能够达100%的利用率，但其后续资源如果只能承受其60%的产出，则其另外40%的产出将变成在制品库存，此时从非瓶颈资源本身考察，其利用率很高，但从整个系统的观点来看，它只有60%的有效性。对非瓶颈资源的充分利用不仅不能提高产销量，而且会使库存和运行费用增加。如果没有充分认识到瓶颈工序并把它重视起来，就更不用说对瓶颈工序的保护了。除此之外，大部分企业并没有注意到瓶颈工序与非瓶颈工序的关系，企业的非瓶颈应与瓶颈同步，它们的库存水平只要能维持瓶颈上的物流连续稳定即可，过多的库存只是浪费，这样，瓶颈也就相应地控制了库存。国内大多数制造企业都存在类似需要重视和解决的问题。

信息技术与生产物流相结合，形成了数字化生产物流技术，带动了设计、生产与经营管理的智能化。将信息技术用于支持产品供应链生命周期的生产活动和企业的全局优化运作，就是数字化生产。设计数字化、生产数字化、装备数字化、管理数字化和企业数字化是数字化生产技术所包括的内容[59-61]。数字化技术的本质是信息技术。IDC的研究报告显示，全球财富500强企业中，信息技术投资超过生产设备投资的企业占65%，而企业网络投资的回报率则高达10倍以上。由于信息技术具有广泛的渗透性和关联带动作用,使得信息化成为技术创新的关键环节,信息技术已成为提升企业竞争力的关键因素之一。

纵观国内外先进生产技术的现状和发展,可以看出数字化生产实际上已成为先进生产制造技术的核心技术,是实施其他先进生产技术的平台。数字化制造以其响应快、质量高、成本低和柔性好等特点,正成为推动21世纪制造业发展的主流。到目前为止,数字化生产已经在国外制浆造纸企业中得到了普遍应用,调查显示,全球15大制浆造纸企业都在不同范围内采用了数字化生产解决方案,并获得了降低规划成本、提高规划质量、加快规划时间等多方面的投资回报。

林-浆-纸企业生产物流智能控制与配送研究也是数字化生产物流的一个研究方向,致力于实现原木(木片)、成品浆包库存管理和作业调度的自动化、网络化、智能化,实现企业内物流管理的智能化。目前,国内外数字化生产技术研究成果非常多,但它们基本集中于产品的设计、开发、装配等应用方向[62-64],而对于特大型、散状物料自动化管理的研究比较少,没有经验可借鉴,只能通过实地调查分析,进行理论总结和创造,并通过反复的实验和验证来完成研究。

在生产流程中有着太多的浪费,这些问题需要研究解决,因而,生产流程就成为一个关键约束。而流程管理系统、工作流技术的发展为解决这一课题提供了契机。近年来,业务流程再造(Business Process Reengineering,BPR)已经成为一个非常流行的管理概念。它强调以业务流程为中心和改造对象,对现有的业务流程进行再思考和再设计,利用先进的信息技术、生产技术以及现代化的管理手段,最大限度地实现技术上的功能集成和管理上的职能集成,以打破传统的职能型组织结构,建立全新的过程型组织结构,从而实现企业经营在质量、成本、服务和效率等方面的巨大改善。它的重组模式是,以业务流程为中心,打破金字塔状的组织结构,让企业员工参与企业管理,使企业能适应信息社会的高效率和快节奏,实现企业各部门间的有效沟通,具备较强的市场应变能力和较高的灵活性。

目前常用的业务流程再造方法分为全新设计法和系统改造法两种。前者从根本上抛弃旧流程,零起点重新设计新流程;后者在分析现有流程的基础上渐进地创造新流程。由于前者在企业重组实践中的失败率很高,所以目前学术界比较倾向于后者[62],主张企业应结合企业资源及生产管理系统实施循序渐进式的改进。

数字化生产中的"生产过程数字化"通过实现生产过程控制的自动化和智能化,来提高企业生产过程的自动化水平。过程自动化系统主要包括制造执行系统(Manufacturing Execution System,MES)、过程控制技术、过程优化技术、生产计划与动态调度技术。

国际制造执行系统协会对 MES 的定义[63,64]:"MES 提供为优化从订单投入产品完成的生产活动所需的信息。MES 运用及时、准确的信息,指导、启动、响应并记录工厂活动,从而能够对条件的变化做出迅速的响应,减少非增值活动,提高工厂运作过程的效率。MES不但可以改善设备投资回报率,而且有助于及时交货、加快库存周转、提高收益和现金流的绩效。MES在企业和供应链间,以双向交互的形式提供生产活动的基础信息。"可见,MES的设计、开发、实施都是围绕企业生产这一为企业直接带来效益的价值增值过程进行的。

业界对于ERP(企业资源计划系统)等管理层软件的研究和投入比较多,但ERP、SCM(供应链管理系统)、CRM(客户关系管理系统)均没有深入涉及作为企业内部最重要最基本的活动——生产,而生产的相关信息尤其需要得到实时的传递、处理和分析。具体来说,就是收集生产过程中大量的实时数据,并对实时数据及时进行处理,同时又与计划层和生产控制层保持双向通信,从两层接收相应数据并反馈处理结果和生产指令。而MES正好填补了这一空缺。美国的权威机构先进制造研究中心(Advanced Manufacturing Research,AMR)提出,MES是位于上层的企业资源计划系统(ERP)与位于下层的工业控制系统(PCS)之间面向车间层的管理信息系统,其结构如图1.3所示。它为现场操作人员、管理人员提供计划的执行和跟踪情况以及所有资源(人员、设备、物料、客户需求等)的当前状况。

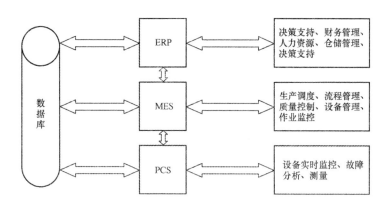

图1.3 生产企业数字化总体结构

MES在发达国家已实现了产业化,其应用覆盖了离散与流程制造领域,并给企业带来了巨大的经济效益。据权威咨询公司AMR的一项市场调查显示,2004年,全球MES市场营收为10.6亿美元,与2001年相比,增长超过50%;2006年全球制造业在管理软件方面的投资,MES居第二位,仅次于ERP。在国外很多行业应用中,MES已和ERP相提并论,而且MES已经成为目前世界工业自动化领域的重点研究内容之一。鉴于MES的重要性,我国将其列为"十一五"期间信息化方面重点发展的方向之一。

本书所研究的生产物流智能控制与配送，涉及ERP层的生产计划制订，并与生产车间的实际执行情况紧密相关，受现场生产进度和现场机器资源的制约。ERP管理的范围则相当宽泛，如财务管理、生产计划管理、库存管理、人力资源管理，由于不同的行业，甚至同是制造业，其业务也千差万别，没有统一的模板供套用，企业在短时间内同时开发、使用这么多的管理软件实在不可能，因此财务管理、人力资源管理、生产计划管理等系统难免各自为政，而制造执行系统MES对生产计划强调不足。因此，本书将这些关系紧密的模块，如生产计划与生产执行，放在一起，综合ERP和MES的管理思想，设计一种生产计划与执行系统。用计算机网络将生产管理部门、仓库管理部、生产车间连接起来，下达生产指示，反馈生产实际，实现生产信息的及时传递与共享。但目前这种生产计划与生产执行系统应用还不是很广泛，很多企业还在采用没有生产反馈或者生产反馈不及时的信息系统进行生产管理，究其原因是以前的技术条件不够成熟，如无线局域网技术、自动化立体仓库技术、条码技术、RFID、GPS、GIS技术不够发达，生产设备的信息共享功能欠缺等。因此，本书将借助计算机行业新的发展成果来完成此种作业计划与执行系统的研究。

1.3.4 研究技术进展

1. 自动化仓库技术

自动化仓库技术是本书的一项核心研究内容。对仓库和库存物质的管理称为仓储管理。科学技术的不断发展，促使仓库机能不断发展和完善，从而对仓储管理提出了更高的要求：根据生产和流通的客观规律，合理地组织各种物料的储存；准确、迅速地组织好产品的入库、出库业务；努力提高仓库的利用率；搞好库存物质的保管和养护、维修与配送；确保安全，提高效率；加快周转，提高经济效益，为生产和企业服务。因此，仓储管理本身也成为一种生产，是具有服务性质的生产。

本书所要研究的内容，与自动化仓库技术有很大关联。自动化仓库作为现代物流高水平仓储管理的代表，采用计算机管理，使得仓储管理、物资调动和作业的准确率大大提高，也使得物流速度得到保证。大量的管理信息由数据库系统存储，计算机控制自动设备连续作业，并由计算机的逻辑判断进行合理的货位选择，这些都保证了仓储管理的高效率[65]。

自动化立体仓库是指能自动储存和输出物料的系统，是由多层货架、运输系统、计算机系统和通信系统组成的，集信息自动化技术、自动导引小车技术、机器人技术和自动仓储技术于一体的系统。笔者从中国科技部网站获悉，由中国机械科学院和中科院沈阳自动化研究所共同研究开发的自动化立体仓库，是国家"863计划"计划支持的项目，可以实现存储入库、存储出库、搬运拆箱及空箱叠放全过程的自动化。货物入库存储是在入库站台上进行的。夹抱车将货物送到入库站台的托盘上，待人工确认货物品牌后，入库过程自动完成。输送线自动将托盘送到货架端部，堆垛机将货物送到由主控计算机预先分配好的货位上进行存储。货物的出库是由生产管理人员向主控计算机输入出库指令，计算机按一定的原则根据出库单的品种，控制堆垛机将相应的库存货物从货位上取出。输送线自动将货物输送到出库站台。同时，出库的托盘经叠放机将空托盘五个一组叠好送到货架存放或送到入库站台备用。

2. 条码技术

条码是一种信息代码，带有这种标签的商品就有了独有的身份证。"条码"一词来源于英语"barcode"，人们根据其构成图形的外观结构称其为"条码"或"条形码"。条码技术是一项新型的信息技术，融合了编码技术、符号技术、识别技术和应用设计技术，具有采信和输入数据快、可靠性高、成本低等优点，在国外早已得到普遍推广和应用。

条码技术还在向广度和深度发展。各国还在研究和开发包容大量信息的二维条码新技术以及相应的小型化、多功能扫描设备。现在，世界各国重视发展与条码技术相关的磁卡技术、光卡技术、智能IC卡技术。这些技术也都广泛地应用到各领域，在未来的信息社会发挥着越来越重要的作用。

3. 无线射频技术

RFID，英文全称为Radio Frequency Identification，中文意思为射频识别，也称为电子标签。它是一种非接触式的自动识别技术，主要通过射频信号自动识别目标对象并获取相关数据，识别工作无须人工干预，可在各种恶劣环境下工作。

其实，RFID跟条形码识别系统类似。当附着标签的目标对象进入磁场后，阅读器发出的射频信号，凭借感应电流所获得的能量发送出存储在芯片中的产品信息，或者是主动发送某一频率的信号，然后解读器读取信息并解码，再送至中央信息系统进行数据处理。

根据RFID系统不需要人工查看进货的条码而节省劳动力成本这一优势，其可以应用在多种环境下，如物流和供应链管理、生产制造和装配、道路自动收费、邮件/快运包裹处理、动物身份标识、运动计时等。

4. 自动化控制技术

随着控制技术、微型计算机技术、计算机网络通信技术、检测仪器仪表的发展，工业过程控制也在不断变化。

分布式控制系统（Distributed Control System，DCS），又称集散控制系统，它的特点是：首先，分级递阶控制，在垂直方向和水平方向都是分级的；其次，DCS是一种分散控制系统，它使控制系统的危险分散，提高了设备的可利用率；最后，自治和协调性，在DCS中，每个分散控制装置是一个自治的系统，但它们又是互相协调工作的。

随着集散系统的不断发展，其功能日益增强并很快应用于工业生产中，而且应用范围也越来越广。20世纪80年代以后，它逐渐取代常规仪表系统而被应用到石油化工、矿山、冶金、纺织、制药、建材、电力、造纸等行业中。

在20世纪80年代末至90年代初，由于网络技术的发展，现场总线技术蓬勃发展起来。现场总线(Fieldbus)是用于过程自动化和制造自动化最底层的现场设备或现场仪表互联的通信网络，是现场通信网络与控制系统的集成。

针对DCS的不足，在现场总线发展的同时，现场总线控制系统（FCS）的理论日趋成熟，并在20世纪90年代中期逐步走向实用化。现场总线技术是计算机技术、通信技术和控制技术的综合与集成，其核心是现场总线控制系统。

现场总线控制系统是两层结构，即操作站和现场智能仪表。操作站与现场智能仪表是FCS的网络节点，通过现场总线连接起来，彼此之间交换数据，相互协调，从而完成对生产过程的控制。其中的每台现场智能仪表均是一个控制站，主要完成现场的控制，而操作站完成生产监控。FCS具有如下特点：系统是全开放的，能够实现可互操作和互用；现场设备是智能化的，并实现功能自治；系统结构是高度分散的，对现场的适应性比较强，而且在实施FCS时，其设计、开发和安装费用都比DCS低得多[66]。

5. 数学方法

信息的定量化、信息量的测度、信息分析评价、信息预测、信息检索、信息技术应用等方面都有数学方法（如线性代数、概率分布与随机过程、数理统计与多元分析、集合论与图论、模糊数学等）的参与。利用这些数学方法可以对信息进行描述、计算、逻辑推理和辩证思维，揭示信息管理的客观规律。

目前数学在林-浆-纸企业信息管理中的应用仍处在数学加工和建立数学模型阶段。定性描述较多，定量分析和计算较少，尚需要不断地深入探讨，创造新的数学工具和方法，以便用精确的数学语言表达林-浆-纸企业信息管理的内在规律，提高科学预见的精确度，推动信息管理的进一步发展。

1.4 问题的提出、研究内容和研究方法

1.4.1 问题的提出及研究内容

某林-浆-纸企业在年产 40 万吨漂白硫酸盐木浆项目的实施过程中，虽然引进了 ERP、PCS 等现代化的管理手段，但是对于企业内部生产物流的管理效率依然低下。其主要体现在：

(1) 对企业车间物流静动态关系没有系统分析，工艺标准及基础数据不统一，生产物流配送管理比较随意。

(2) 由于木料的特性，导致其堆场空间和堆垛都特别大，工人任意堆放木料的现象特别严重，仓库利用率低；现有信息系统的数据错误率高，货物寻找困难；成品浆板物流信息不能上溯，出入库效率低，配送困难；仓储管理混乱。

(3) 装载机作业者随意决定作业内容，作业顺序混乱；作业调度及信息采集仍采用口头或纸质的方式进行，导致物流混乱，物流和信息流不同步甚至不一致，成本管理困难。

(4) 库存控制及原材料订购手段落后，导致库存过剩或不足。

(5) 生产浪费严重，倒料现象时有发生；配料过程以工艺人员经验为主，缺乏成本意识，把错误的木片（原木）放到生产线上加工而造成巨大经济损失的现象时有发生。

(6) 生产物流智能配送体系没有进行有效的集成，研究和开发力度不够。

针对这些问题，本书着重从以下几方面展开相应的研究：

1. 林-浆-纸企业生产工艺流程及设备研究

在整理和分析该林-浆-纸企业年产 40 万吨漂白硫酸盐木浆项目生产工艺流程与相关设备及参数的基础上，研究林-浆-纸企业制浆流程生产物流动态关系。重点对原料场及备木工段生产线、制浆车间生产线、浆板车间生产线进行详细阐述。在此基础上，提出企业物流管理内涵，分析林-浆-纸企业生产物流价值链。

2. 仓储管理策略及应用研究

车间物流配送存在大量的"搬运""查找"等作业过程。针对现有仓储管理手段落后、货物堆垛混乱、已有信息系统的数据和仓库实际情况常常有较大偏差、管理困难等问题，对原料堆场、成品浆包仓库提出系统解决方案并展开应用设计，就存储策略、货位计算与分配等问题展开研究。针对林产企业的特殊性，提出一种基于"生产

计划—时间窗"的原材料控制策略,并就原木加工倒料问题展开具体研究。

3. 木片优化配料模型研究

外购木片或通过原木直接加工出来的木片,其长度、厚度、水分含量、杂质含量(树皮、腐朽木片、灰尘、矿物质混杂物等)都不一样,会造成加工过程化学药品的消耗及机器设备的能耗,进而影响产品的质量,增加企业成本。为在满足操作工艺要求的前提下,合理搭配各种等级木片,尽可能降低加工成本,有必要开展木片优化配料数学模型研究,实现数字配料。

4. 装载机作业调度算法研究

原木或木片出入库作业调度,都要通过装载机完成。原木加工成木片后,可以直接投入制浆,也可以搬运到木片仓存储。木片有外购的,也有通过原木直接加工而成的。因此,要实现装载机作业自动化调度,在保证调度可行性的基础上,做到调度合理化、均衡化、可执行作业唯一化、流程最优化,是本书研究的另一个重要内容。

5. 林-浆-纸企业生产物流智能配送系统及复合模型研究

针对现代生产物流系统结构,林-浆-纸企业在对生产设备布置和物流路线整理规划的基础上,提出生产物流配送系统的设计原则及应实现的功能,提出林-浆-纸企业生产物流智能配送系统结构和计算机网络形式,提出信息系统总体结构及无线网络建设方案。依据复合模型的建模方法和步骤,建立林-浆-纸企业生产物流智能配送系统、制浆生产木料流子系统动态复合模型与制浆流程生产药剂流子系统动态复合模型。对基于复合模型的制浆过程物流平衡的数学原理进行研究归纳。对林-浆-纸企业生产物流智能配送系统的综合评价指标体系和综合评价方法进行研究,以达到对生产物流智能配送系统测度的目的。

1.4.2 研究方法

本书综合运用数字化管理理论、计算机技术、物流信息化管理专业技术、自动化立体仓库技术、无线网络技术、条码技术、RFID技术、供应链管理思想、数学方法、集成管理理论、协同学理论等多个领域的理论与方法,采用分析与归纳相结合、系统分析与比较分析相结合的方法进行理论探索和技术实践。其中,能否基于林-浆-纸企业的实际运行情况,提出适合我国林-浆-纸企业可持续发展的生产物流智能配送管理体系,成为研究的关键。

本书采用了以下三种基本研究方法:

1. 理论分析方法

在对数字化管理理论、供应链管理理论和物流信息化管理理论进行研究的基础上，在认真分析林-浆-纸企业生产物流配送管理存在的各种问题基础上，将链式思考提升到网状思考，并以供应链理论和协同学理论为主线，深入研究林-浆-纸企业如何提升核心竞争力，促进企业效益的改善。

2. 模型分析方法

在构建林-浆-纸企业生产物流配送优化模型时，需要通过模型分析方法研究企业生产业务流程及各要素之间的关系，并对其中每一个增值要素进行业务流程优化分析。

3. 实证研究方法

结合具体实证，在对企业生产物流进行详细分析、提出相应配送策略及对配送系统建模后，提出智能配送系统总体结构及系统建设方案，并对所得出的结论进行实践检验和客观评价。

1.4.3 技术路线与研究框架

1. 本研究的技术路线图(图 1.4)

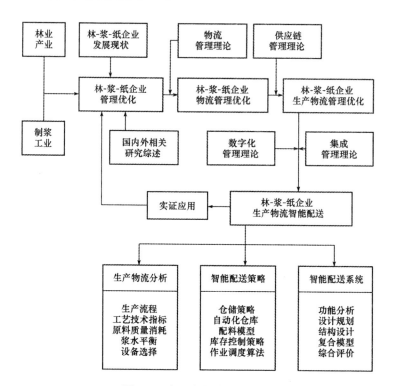

图 1.4 本研究的技术路线图

2. 本研究的框架图(图1.5)

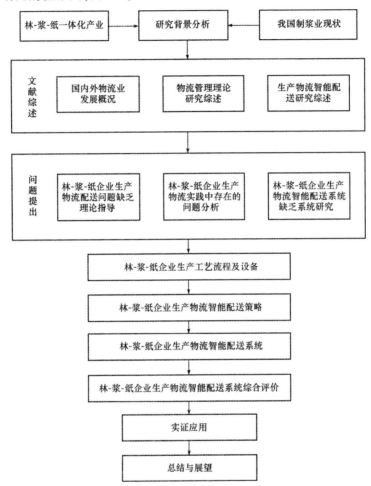

图1.5 本研究的框架图

第 2 章 林-浆-纸企业生产工艺流程及设备

为对林-浆-纸企业生产物流进行有效控制，进而提高林-浆-纸企业生产系统总体效益，本书以某林-浆-纸企业年产 40 万吨漂白硫酸盐木浆项目为研究对象，探究林-浆-纸企业生产工艺、设备、辅助设施等配置与生产物流流向之间的静态与动态关系，构建林-浆-纸企业生产物流智能配送系统体系结构和计算机网络形式，讨论和使用适当的建模方法与技术建立林-浆-纸企业生产物流智能配送系统部分子系统的动态复合模型。为此，必须对林-浆-纸企业生产工艺流程、主要设备配置及其相关参数进行较为深入的研究和分析，同时提出该企业所采用的企业管理思想和企业生产物流价值链。

该林-浆-纸企业生产车间有原料堆场及备料车间、制浆车间、浆板车间和碱回收车间。该企业年产 40 万吨漂白硫酸盐木浆项目采用 70%的针叶木和 30%的阔叶木作为纤维原料，针叶木和阔叶木分别制浆。针叶木的材种是马尾松和杉木，其中马尾松占 80%，杉木占 20%；阔叶木的材种是桉木、桉木、杨木等。原料中 50%为原木，50%为外购木片。本书以马尾松 70%、桉木 30%进行平衡计算。

2.1 原料堆场及备料车间

原料堆场及备料车间包括原木堆场、备料工段（包括外购木片卸料和筛选）、木片堆场。

2.1.1 工作流程设计简述

原木运输到厂经电子地磅计量、检验后，用装载机卸到原料堆场堆垛。运入的原木，必须排列整齐，长短基本一致（原木长度为 2～4 m，直径为 100～500 mm），在原木下放好垫木，以便装载机迅速卸车。原木堆垛不宜堆得太高，高度一般不超过 4 m，采用平列法堆垛，按储存量 131 040 m³（实积系数 0.7），满足 40 d 的生产用量计算，需用尺寸 50 m×4 m×4 m 的堆垛共 234 垛。为了使垛的两端稳固，可以在垛的两端设挡木柱。堆垛时应注意垛的整齐、稳固，并留出消防通道及检查人行通道，方便原木的检查和原木的起吊。原木的堆垛和拆垛采用轮式原木装载机。

轮式原木装载机将原木送到喂料平台，经原木链式上料装置送到圆筒剥皮机的进料口，剥皮后原木在辊道输送机上用水冲洗，洗去所附带的树皮，并经过金属探测器检测，被检测出带金属的原木，人工取出处理，以防损坏削片机。原木经削片、筛选后，合格的木片由带式输送机送到木片堆场，经称重后由木片装载机送到系统指定的仓位堆存，不合格的大木片用电磁吸铁器除去所含的金属杂质，经再碎机处理后送回木片筛。筛选出来的碎屑由带式输送机送往树皮仓储存。

外购木片通过自卸汽车或火车运到厂，经电子地磅计量检验后，用木片装载机将木片从车厢直接运到木片卸料装置中，由螺旋输送机将木片送至胶带输送机上，经圆盘筛除去其中超大、超长的杂质，再送至木片筛筛选，合格木片由木片装载机送至木片堆场堆存，不合格的大木片用电磁吸铁器除去所含的金属杂质，经再碎机处理后送回木片筛。筛选出来的碎屑由带式输送机送往树皮仓储存。

树皮经脱水输送机脱去水分，用电磁吸铁器除去所含的金属杂质，由带式输送机送往圆盘筛，将小树皮直接送到皮带输送机，筛出的大树皮经树皮粉碎机粉碎后送到皮带输送机，与木片筛筛选出的木屑一起送往树皮仓储存，按需要送锅炉房作为燃料使用。

原木含皮按10%、备料损失按4%计，剥下来的树皮和削片木屑均作为锅炉燃料，生产马尾松时每天约有310吨，生产桉木时每天约有282吨（干度60%）。

备木工段生产示意图如图2.1所示。

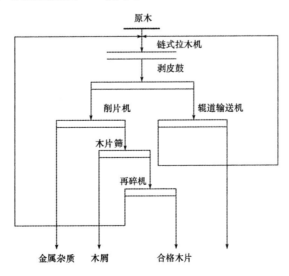

图2.1　备木工段生产示意图

下面对备木工段的主要硬件组成进行分析。

1. 链式拉木机

链式拉木机是将原木均匀地送入剥皮鼓的链式输送设备。它的特点是重载、慢速,能适应恶劣的工作环境,机体耐磨、耐腐蚀。

2. 剥皮鼓

剥皮鼓是将原木剥去表皮的设备。它的特点是剥皮效率高,木材损耗率低,机体耐磨、耐腐蚀。

3. 辊道输送机

辊道输送机是为运输从剥皮鼓出来的原木而设计的,在运输的过程中冲洗掉原木上的砂石以及树皮等杂质。

4. 螺旋输送机

螺旋输送机是将切削好的木片送至木片筛的设备。

2.1.2 原料质量标准制定

笔者通过在该林-浆-纸企业的现场调查发现,该企业在木料的检测方面缺乏统一的质量标准。为规范企业物流管理,特制定如下标准(表2.1~表2.3)。

表2.1 原木规格参数

参数名称	参数尺寸
原木长度	2~4 m
原木直径	100~500 mm
其他	排列整齐、无枝丫、无朽木

表2.2 木片规格参数

参数名称	参数尺寸
合格木片	长度4.5~38.1 mm,厚度3~5 mm
优良木片	长度15~28.5 mm,厚度3~5 mm
特大木片	振动测定筛ϕ38.1 mm板上存留的木片
大木片	振动测定筛ϕ28.5 mm板上存留的木片
小木片	振动测定筛ϕ4.5 mm板上存留的木片
木屑	通过振动测定筛ϕ4.5 mm板的木片
腐朽木片	20%以上材质发生化学成分或化学结构变化的木片

表2.3 木片质量标准   %

木片等级	优良木片比率	合格木片比率	树皮和腐朽木片含量	矿物质混杂物含量
一级	≥55	≥90	≤1.00	≤0.05
二级	50～54.99	85～89.99	≤1.50	≤0.20
三级	45～49.99	70～84.99	≤2.00	≤0.50

注：各项质量指标均达到表中规定的一级木片标准的为一级木片；其中一项未达到一级木片标准的，则按该项指标所达到的等级标准确定木片等级；不能达到三级标准要求的木片为不合格产品

2.1.3 主要工艺技术指标

主要工艺技术指标如表2.4所示。

表2.4 主要工艺技术指标

序号	名称	单位	数量	备注(☆为物流关注点)
一	原料堆场			
1	储存量	m³	131 040	☆
2	储存天数	d	40	原木占原料50%计
二	工作时间			
1	年工作时间	d/y	350	
2	每周工作班制	班/天	2	
3	每天工作时间	h/d	16	
4	每年工作时间	h/y	5 600	
5	每天有效工作时间	h/d	11.2	
6	每年有效工作时间	h/y	3 920	
三	设计能力			
1	剥皮	m³/h	320	☆
2	削片	m³/h	290	☆
3	木片筛选能力	m³/h	1 000	自产木片☆
		m³/h	800	商品木片☆
4	木片储存容量	m³	260 000	☆
5	树皮储存容量	m³	8 000	☆

2.1.4 原材料、动力消耗指标

备料车间主要材料、燃料、动力消耗指标如表2.5所示。

表 2.5 备料车间主要材料、燃料、动力消耗指标

序号	名称	年消耗量			备注(☆为物流关注点)
		单位	每日	每年	
1	原木：马尾松	m³	3 200	783 777	☆
	桉木	m³	3 232	339 385	☆
2	木片：马尾松	t	1 238	303 285	绝干，245 d/y☆
	桉木	t	1 134	119 110	绝干，105 d/y☆
3	水	m³	816	285 600	16 h/d☆
4	电	万 kW·h	5.03	1 760.08	

2.1.5 主要设备选择及计算

因原料堆场及备料车间的主要工艺技术和设备均由国外供货商成套提供，故本书着重进行国产配套设备的能力计算。设备能力计算时考虑来料不均匀系数 0.9、操作效率 0.7、原木实积系数 0.7。

(1)火车运来原木的卸料。火车年运输原木量约 56.2 万 m³(含树皮 10%)，日平均运输原木量约 1 605 m³，考虑来料不均匀系数 0.9、操作效率 0.7、原木实积系数 0.7，则实际卸车及转运能力要求为 227 m³/h，采用 2 台原木装载机卸料，额定装卸车能力 150 m³/h，即可满足要求。

火车原木转运采用汽车牵引无轨轮式列车形式。火车原木转运平均运距 300 m，一个往返(装车、运送、卸车、返回)需时约 20 min。配牵引汽车 3 台，平板拖车 3 列，每列 3 节，每节装载量 10 m³，即可满足要求。

(2)汽车运来原木的卸料。汽车年运输原木量约 56.2 万 m³(含树皮 10%)，日平均运输原木量约 1 605 m³，考虑来料不均匀系数 0.9、操作效率 0.7、原木实积系数 0.7，则实际卸车能力要求为 227 m³/h，采用 2 台原木装载机卸料，额定装卸车能力 150 m³/h，即可满足要求。

(3)火车运输木片的卸料。火车年运输木片量约 55.6 万 m³，日平均运输木片量约 1 588 m³，考虑来料不均匀系数 0.9、操作效率 0.7，则实际卸车能力要求为 158 m³/h，用 2 台木片装载机将木片从车厢直接运到火车木片卸料装置中并进行周边的清理。

(4)汽车运输木片的卸料。汽车年运输木片量约 222.4 万 m³，日平均运输木片量约 6 354 m³，考虑来料不均匀系数 0.9、操作效率 0.7，则实际木片到场卸车量约 630 m³/h，其中自卸汽车(按 2/3 即 420 m³/h 计)直接将木片卸到螺旋输送机下料口，普通汽车(按 1/3 即 210 m³/h 计)用木片装载机将木片从车厢运到木片临时

散堆场地面，然后由木片装载机将木片送进木片螺旋输送机下料口。木片临时散堆场距木片螺旋输送机下料口平均距离约 100 m，木片装载机往返一次约 1 min，平均每次运送约 2 m³，需 2 台木片装载机。

(5)原木的场内运输。场内中长距离转运、输送作业采用汽车牵引无轨轮式列车形式。装载机将原木从料堆运至剥皮机喂料处，按原木总需求量的 1/3 考虑需要场内运输，考虑来料不均匀系数 0.9、操作效率 0.7、原木实积系数 0.7，则实际要求运输量为 152 m³/h，平均运距 300 m，一个往返（装车、运送、卸车、返回）需时约 20 min。配牵装载机 2 台，牵引汽车 2 台，平板拖车 2 列，每列 3 节，每节装载量 10 m³，即可满足要求。

2.2 制浆车间

漂白木浆采用硫酸盐法连续蒸煮。硫酸盐法具有蒸煮得率高、纸浆强度好、碱回收工艺成熟等优点，连蒸得到的纸浆质量均匀；耗汽量少，用汽负荷稳定；控制点少，操作维修较容易；设备占地面积较小。此法适用于本项目原料品种比较单一的情况。

洗选采用先洗浆再氧脱木素，然后进行除节和筛选的工艺流程。先洗后筛可以充分提取制浆黑液，降低筛选系统出现泡沫的可能性。洗浆为多段逆流洗涤，筛选采用三段压力筛封闭筛选，并在第三段压力筛之后加上一段除砂器，以加大除砂力度，提高筛选效率。筛选出来的节子经过洗涤后通过一台中浓泵送蒸煮系统回煮，浆渣则再经两段压力筛和一段除砂器筛选回收好纤维，末段筛渣在洗渣机洗涤后再循环回到氧脱木素系统，或用车运出车间，送锅炉燃烧。这样的流程设置可大大减少纤维和碱的流失。洗浆和筛选之间设 II 段氧脱木素系统，其优点是在氧气深层脱木素过程中，能够将蒸煮粗浆所含浆渣的 55% 左右转化为可利用纤维，即进入筛选系统的浆渣量减少一半，得率提高。氧脱木素处理后的浆料先筛选后浓缩和洗涤，这样可利用氧脱木素喷放锅稀释进入筛选的浆料，而筛选后的浆先用一台压力浓缩机浓缩到 5% 左右的浓度再送洗浆机，既消除了对筛选浓度的限制，使筛选系统能够在最适合的浓度下运行，又减少了后面洗浆机的过滤面积，降低了设备投资。

制浆车间生产示意图如图 2.2 所示。

氧脱木素和筛选后的浆经过轻 ECF 四段漂白，即 D(Eop)D(PO) 流程漂白至 90%ISO 的白度，供浆板车间使用。

从备料车间送来的合格木片，经喂料螺旋进入木片仓。木片在木片仓停留，

第 2 章 林-浆-纸企业生产工艺流程及设备

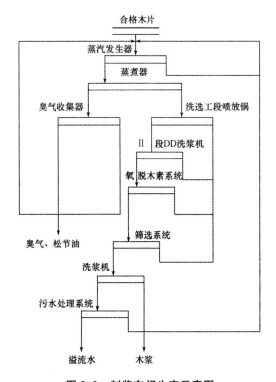

图 2.2 制浆车间生产示意图

用二次蒸汽发生器产生的清洁蒸汽加热到 100 ℃，预汽蒸后的木片经螺旋计量后，通过多台木片泵串联均匀地送入蒸煮器顶部。

蒸煮塔内分为预浸区、蒸煮区和逆向蒸煮热洗区。

木片经反向的顶部分离器进入蒸煮塔的预浸区，在蒸煮塔顶部加入中压蒸汽，在预浸之前将木片加热到大约 130 ℃，木片在蒸煮塔顶部停留时间为 30 min，以确保木片在蒸煮开始之前在蒸煮液中能得到足够的预浸。木片通过预浸区后进入上部蒸煮循环区，在这里，预浸液从蒸煮塔上部的算子抽出，温度大约为 132 ℃，然后木片接触到蒸煮循环中向上流的热蒸煮液(蒸煮塔第二组算子)，该液体加热木片到需要的蒸煮温度(155～162 ℃)。

蒸煮塔的下一个区为蒸煮区，余下的液体在蒸煮塔下部的抽吸算子被抽出。

在蒸煮塔底部的洗涤区，洗涤液逆流通过浆料完成在蒸煮塔中的洗涤。冷喷放滤液泵将洗涤液加入蒸煮塔底部，滤液加入蒸煮塔之前在冷喷放冷却器里冷却，在洗涤循环中心管加入一部分冷喷放滤液进一步对浆料进行洗涤，滤液在蒸煮区末端置换浆料中的黑液。

蒸煮白液由白液泵送入蒸煮塔顶部及各个加热循环部分。在最后的洗涤区，洗涤液是逆向流动的，在这部分仍然起缓和的蒸煮脱木素作用。

木片汽蒸，用的是干净的二次蒸汽汽蒸，用白液进行预浸。整个蒸煮工段没有废气逸出。汽蒸出来的低浓废气送至蒸发工段臭气收集系统，在那里分离臭气和回收松节油。

蒸煮后的成浆，通过塔底部的卸料器和喷放阀，进入洗选工段喷放锅。

来自蒸煮工段的粗浆在喷放锅底部经立管进入中浓泵泵送到一台Ⅱ段DD洗浆机洗涤，洗涤后粗浆进入中浓氧脱木素系统。

浓度为10％左右的浆料从洗浆机出料螺旋直接落入中浓浆泵前的喂料槽，在立管处同时加入保护剂 $MgSO_4$ 和 $NaOH$ 溶液（氧化白液），然后用中浓泵泵送到中浓混合器，在混合器中加入氧气，浆料与氧气充分混合后从底部进入Ⅰ段氧脱木素反应器进行脱木素反应，Ⅰ段氧脱木素后的浆料继续加入氧气和中压蒸汽，送到二段氧混合器，通过氧混合器均匀混合，然后进入升流式二段氧反应塔。经过Ⅱ段氧脱木素反应后，浆料通过塔顶卸料器排放到喷放浆槽，在喷放浆槽稀释浓度至3.5％左右后，通过泵送到筛选系统进行筛选和氧脱木素后洗浆。

浆料筛选采用三段压力筛加一段除砂流程。一段压力筛为联合筛，具有分离节子和筛除浆渣的功能。联合筛出来的良浆进入压力浓缩机浓缩至适宜洗浆机上浆的5％左右浓度后，直接送入洗浆机进行氧脱木素后洗涤。氧脱后洗涤为一台Ⅱ段洗涤的DD洗浆机，以保证进入漂白系统浆的洁净度，有效降低漂白化学药品消耗。洗后浆用中浓泵泵送到未漂浆塔储存，备送漂白工段。

一段压力筛排出的节子经过洗节机洗涤和脱水后，通过中浓泵送至蒸煮工段回煮。一段压力筛排出的浆渣则采用两段压力筛回收其中的好纤维，各段压力筛的良浆依次循环到上一段，三段压力筛的尾浆再经过一段除砂器处理，在进一步回收好纤维的同时避免砂石在系统内循环积累。将除砂器分离出来的重杂质排掉，回收纤维经洗渣机洗涤脱水后，泵送氧脱木素系统，也可以用农用车或斗车运到锅炉作为燃料燃烧。

各洗浆机提取出来的黑液逆流到前段洗浆机作为洗涤和粗浆稀释液，最后从蒸煮工段送到碱回收蒸发工段进行处理。

工段设白液氧化系统，氧和碱回收白液中的 Na_2S 反应，将 Na_2S 转化为对纤维没有损害的 Na_2SO_3 和 Na_2SO_4。反应用的纯氧由氧气站提供。流程简述如下：碱回收车间来的白液泵送进白液氧化反应器，与氧气站送来的氧气一起在120～150 ℃和0.5～0.8 MPa的条件下进行反应。氧化白液直接送氧脱木素系统使用。

未漂浆用中浓泵送往二氧化氯混合机与二氧化氯混合后进入压力升流式二氧化氯漂白塔（D0塔）。反应时间约为15 min，反应温度为70～75 ℃。D0塔出来的浆料直接进入D0段洗浆机，洗浆前段用来自D1段的滤液、后段用Eop段的滤液洗浆，洗后浆送入中浓泵。

在洗浆机出料螺旋和中浓泵的立管中加入 NaOH 和 H_2O_2 溶液,然后把浆送到 Eop 压力反应塔,浆进入反应塔之前,加入氧气和蒸汽,并用混合器进行混合。在升流反应塔内的反应时间为 75 min,塔顶压力为 4 bar,反应温度约为 85 ℃,与常压 Eop 段反应塔相比,压力反应塔能降低卡伯值。在反应塔里会发生缓慢的脱木素反应,生产出初级漂白浆,浆通过塔顶卸料器排放到 Eop 段洗浆机。

Eop 段洗浆机利用来自 D1 段的滤液洗涤,洗后浆落入中浓泵立管,通过中浓泵送至二氧化氯混合器,加入 ClO_2 水溶液混合后送至 D1 段的升流式漂白塔。D1 段反应时间为 120 min,反应温度为 75 ℃。漂白塔塔顶卸料器排放的浆料通过中浓泵送到 D1 段洗浆机,用来自 PO 段的滤液洗浆。D0、D1 段漂后浆料需加入二氧化硫以吸收残氯,避免返黄。

在洗浆机中浓泵的立管中加入 NaOH、H_2O_2 溶液和保护剂 $MgSO_4$,通过中浓泵把浆送到 PO 段混合器混合均匀,混合器之前由蒸汽加热装置加入氧气和蒸汽,混合好的浆料进入升流式 PO 漂白塔。PO 段的反应时间为 90 min,塔顶压力为 4 bar,温度为 85~90 ℃。漂白浆通过塔顶卸料器排放到 PO 段洗浆机洗涤。为充分循环利用生产废水,降低水耗,PO 段使用抄浆白水洗浆。洗后浆通过中浓泵送至浆板车间的两个 3 000 m^3 漂后浆塔储存。

根据漂白工艺消耗指标,本项目二氧化氯制备系统设计能力为 20 t/d。二氧化氯采用 R8/R10 法制备。

外购固体氯酸钠在溶解槽溶解成约 650 g/L 浓度的水溶液后存于储存槽备用,甲醇和硫酸均由槽罐车运输到厂,卸到卸料储存槽备用。生产时,氯酸钠、甲醇和硫酸溶液按一定的比例加入 ClO_2 发生器中进行反应,添加的三种反应液均经过过滤器净化,除去杂质颗粒,以保证反应的顺利进行。反应生成的 ClO_2 气体经冷却器冷却后进入 ClO_2 吸收塔,用 5~8 ℃的冷冻水吸收成 10 g/L 浓度的水溶液,然后泵送至储存槽储存,备送漂白工段。吸收塔的尾气进入尾气洗涤塔,用冷冻水进行洗涤吸收后通过风机排放,洗涤液则循环回用于 ClO_2 吸收塔。ClO_2 反应过程中还产生倍半硫酸钠,倍半硫酸钠通过泵送至芒硝过滤机进行固液分离,脱水盐饼落入芒硝槽,再加水搅拌进行中和反应,得到的中性硫酸钠泵送到中性芒硝过滤机分离酸性滤液,芒硝晶体在溶解槽溶解后送碱回收车间,酸性滤液则返回到 ClO_2 发生系统。

工段负责制备除 ClO_2 外的漂白化学品,包括漂白用碱、H_2O_2、$MgSO_4$、H_2SO_4 和 SO_2。

NaOH、H_2O_2 和 H_2SO_4 溶液在本工段仅作卸料和储存处理,流程基本相同。溶液由槽罐车运送到车间后,通过卸料泵泵至储存槽储存,备送漂白工段。

二氧化硫是一种脱氯剂,在两段 D 段漂白洗涤前加入,以除去浆料中的含氯漂剂，避免浆料返黄，提高浆的强度。根据漂白工艺数据，本项目二氧化硫用量为每吨浆 2 kg，采用外购液态二氧化硫，在本工段通过汽化器汽化后送漂白工段使用。

硫酸镁作为保护剂用于氧脱木素反应段和压力过氧化氢漂白段。固体硫酸镁拆包卸料到硫酸镁料仓，仓底装有计量输送螺旋，均匀连续地将固体硫酸镁送到溶解槽，根据要求按比例加入清水溶解至 60 g/L 浓度后，泵送储存槽储存。

蒸煮采用低固形物连续蒸煮技术。原料和药液以稳定的速度连续送入蒸煮器的顶部，原料向下移动并经蒸煮成浆连续从底部排出，中间抽出药液通过热交换器加热后送回蒸煮区，以提供蒸煮所需的热量。蒸煮塔内木片与蒸煮液同流向（自上向下流动），不会产生木片架桥现象；塔内置一根固定的中心管，白液可以在不同点加入，加强了蒸煮液的循环渗透。低固形物连续蒸煮通过加入白液、抽出黑液来调整锅内碱的浓度，改善了蒸煮过程蒸煮液中的固形物含量，可降低蒸煮温度，使蒸煮条件更温和，蒸煮得率高，排渣量低，浆的强度高且质量得到改善。

对于未漂浆的洗涤有以下作用：除去蒸煮过程中溶解在浆料中的固形物并为浆料后续的氧脱木素阶段做准备；使用洗浆机，既有置换洗涤的作用，又有浓缩浆料的作用。这样保证了在较低的稀释因子下有高效的洗涤效率，也为后续的氧脱木素阶段提供了一个最适宜的浆料浓度。

纸浆洗涤设备选用鼓式置换洗浆机（DD 洗浆机）。DD 洗浆机可以根据需要将洗鼓表面分成 1～4 个洗涤区，每个洗涤区相当于一台传统真空洗浆机。

氧脱木素是降低漂白中段废水污染的关键，氧脱木素（O 段）废液可直接逆流回用至洗涤系统，进入碱回收。脱木素率对于马尾松为 50%～60%，对于桉木为 40%～45%。使用氧脱木素具有环境污染少、纸浆得率和黏度较高、白度稳定、脱水性能好、漂白费用低等诸多优点。

2.2.1 主要工艺技术指标

主要工艺技术指标如表 2.6 所示。

表 2.6　主要工艺技术指标

序号	名称	单位	数据		备注（☆为物流关注点）
			马尾松	桉木	
1	年工作日	d	350	350	
2	日工作小时	h	24	24	
3	漂白浆产量	ADt/d	1 145	1 145	☆
4	蒸煮用碱量	%	21	21	有效 NaOH 计☆

续表

序号	名称	单位	数据		备注(☆为物流关注点)
			马尾松	桉木	
5	粗浆得率	%	47	50.5	☆
6	粗浆硬度	Kappa	28～32	18～20	
7	黑液浓度	%	16～18	16～18	
8	黑液提取率	%	≥98	≥98	
9	黑液温度	℃	120	115	
10	漂白浆得率	%	43.11	47.04	
11	氧脱木素段(Ⅰ段)				
	浆浓度	%	11～12	11～12	☆
	反应时间	min	15	15	
	反应温度	℃	90	90	
	反应压力	MPa	0.4	0.4	塔顶压力
12	氧脱木素段(Ⅱ段)				
	浆浓度	%	11～12	11～12	☆
	反应时间	min	60	60	
	反应温度	℃	100	100	
	反应压力	MPa	0.4	0.4	塔顶压力
13	氧化白液用量	kg/ADt	28	20	NaOH 计☆
14	O_2 用量	kg/ADt	30	25	含白液氧化用氧
15	漂白 D0 段				
	浆浓度	%	10	10	☆
	反应时间	min	15	15	
	反应温度	℃	70～75	70～75	
	反应压力	MPa	0.4	0.4	
16	漂白 Eop 段				
	浆浓度	%	11	11	☆
	反应时间	min	75	75	
	反应温度	℃	85	85	
	反应压力	MPa	0.4	0.4	塔顶压力
17	漂白 D1 段				
	浆浓度	%	11	11	☆
	反应时间	min	120	120	
	反应温度	℃	75	75	

续表

序号	名称	单位	数据 马尾松	数据 桉木	备注(☆为物流关注点)
18	反应压力	MPa	常压	常压	
	漂白 PO 段				
	浆浓度	%	11	11	☆
	反应时间	min	90	90	
	反应温度	℃	85~90	85~90	
	反应压力	MPa	0.4	0.4	塔顶压力
19	NaOH 用量	kg/ADt	21	21	☆
20	H_2O_2 用量	kg/ADt	7	6	☆
21	ClO_2 用量	kg/ADt	11.5	11	☆
22	$MgSO_4$ 用量	kg/ADt	2.5	2.5	☆
23	SO_2 用量	kg/ADt	2	2	☆
24	ClO_2 制备				
	能力	t/d	20	20	
	浓度	g/L	10	10	☆
25	漂白浆白度	%ISO	≥90	≥90	

2.2.2 原材料质量标准及消耗指标

1. 原材料质量标准

A. 回收碱：碱液浓度 135 g/L(活性碱，以 NaOH 计)。

B. 低压蒸汽：0.49 MPa(a)饱和蒸汽。

C. 中压蒸汽：1.2 MPa(a)饱和蒸汽。

D. 工艺用清水：

  浑浊度(以 SiO_2 计)   ≤5 mg/L

  总硬度(以 $CaCO_3$ 计)   ≤200 mg/L

  色度(以铂单位计)   ≤5 mg/L

  铁(Fe)   ≤0.3 mg/L

  pH   6.5~8

  Mn   ≤0.1 mg/L

  氯化物(以 Cl^- 计)   ≤20 mg/L

  水温   ≤32 ℃

  进车间水压   ≥0.4 MPa(a)

E. 洗浆用二次冷凝水：COD≤400 mg/L，水温≥60 ℃。
F. 氯酸钠：

$NaClO_3$	≥99%
NaCl	≤0.35%
硫酸钠	≤0.2%
不溶物	≤0.01%
铬酸盐	≤0.007%
水分	≤0.10%

G. 硫酸：

纯度（H_2SO_4）	≥98% w/w
燃烧残留物	≤0.1%

H. 甲醇：

乙醇含量	≤0.01%
游离酸含量（以 HCOOH 计）	≤15 ppm
游离碱含量（以 NH_3 计）	≤2 ppm
羰基化合物（以 HCOH 计）	≤20 ppm

I. 烧碱（漂白用）：

NaOH	≥30%
Na_2CO_3	≤0.8%
NaCl	≤0.5%
Fe_2O_3	≤0.01%

J. 过氧化氢 H_2O_2：

H_2O_2 含量	≥27.5
游离酸（以 H_2SO_4 计）（%）	≤0.05
不挥发物含量（%）	≤0.1
稳定度（%）	≥95.0

K. 硫黄：

S	≥98.5%
水分	≤0.3%
灰分	≤0.3%
酸度（以 H_2SO_4）	≤0.3%
砷	≤0.02%

L. 硫酸镁：

$MgSO_4 \times 7H_2O$	>95%

2. 原材料及动力消耗指标

制浆车间原材料及动力消耗指标如表 2.7 所示。

表 2.7　制浆车间原材料及动力消耗指标(原料：70%马尾松＋30%桉木)

序号	名称	单位产品消耗定额 单位	单位产品消耗定额 数量	年产量或消耗量 单位	年产量或消耗量 数量	备注(☆为物流关注点)
1	木片：马尾松	t/t 风干浆	2.088	t	585 736	绝干☆
	桉木	t/t 风干浆	1.913	t	230 004	绝干☆
2	氧气	t/t 风干浆		t	11 417.1	
3	碱(NaOH)	t/t 风干浆	21	t	8 412.6	外购碱☆
4	氧化白液	t/t 风干浆		t	10 255.4	以 NaOH 计☆
5	氯酸钠	kg/t 风干浆	—	t	7 456.8	100%☆
6	甲醇	kg/t 风干浆	—	t	682.0	100%☆
7	硫酸	t/t 风干浆	—	t	1 322.0	100%，漂白用☆
		t/t ClO$_2$	0.83	t	3 773.9	100%，ClO$_2$ 用☆
8	硫酸镁	t/t 风干浆	0.002 5	t	1 001.5	100%☆
9	过氧化氢	t/t 风干浆		t	2 684.0	100%☆
10	液态二氧化氯	t/t 风干浆	0.002	t	800	100%☆
11	水	m^3/t 风干浆	2.56	万 m^3	102.5	新鲜清水☆
12	电	kW·h/t 风干浆	150	万 kW·h	6 010.2	
13	汽	t/t 风干浆	1.26	t	505 395	

2.2.3　浆水平衡及主要设备选择

1. 有关定额及依据数字

制浆车间工段计算有关定额及依据数字如表 2.8 所示。

表 2.8　制浆车间工段计算有关定额及依据数字(原料：马尾松/桉木)

序号	指标名称	单位	定额	备注
1	木片水分	%	40	
2	蒸煮液比		3.5	
3	蒸煮粗浆得率	%	47/50.5	
4	喷放锅浆浓度	%	10	
5	洗浆段洗浆机进浆浓度	%	9	
6	洗浆段洗浆机出浆浓度	%	12	

续表

序号	指标名称	单位	定额	备注
7	黑液纤维浓度	mg/L	40	
8	氧脱木素段反应浓度	%	10	
9	氧脱段洗浆机进浆浓度	%	4.5	
10	氧脱段洗浆机出浆浓度	%	12	
11	氧脱木素段浆得率	%	97/97.5	
12	联合筛进浆浓度	%	3.5~4	
13	筛选系统排节子率	%	0.75	
14	筛选系统排节子浓度	%	25~30	
15	筛选系统排渣率	%	0.75	
16	筛选系统排渣浓度	%	10~15	
17	未漂浆塔储存浓度	%	10~12	
18	D0段反应浓度	%	10	
19	D0段洗浆机进浆浓度	%	9	
20	D0段洗浆机出浆浓度	%	12	
21	Eop段反应浓度	%	11	
22	Eop段洗浆机进浆浓度	%	9	
23	Eop段洗浆机出浆浓度	%	12	
24	D1段反应浓度	%	11	
25	D1段洗浆机进浆浓度	%	9	
26	D1段洗浆机出浆浓度	%	12	
27	PO段反应浓度	%	11	
28	PO段洗浆机进浆浓度	%	9	
29	PO段洗浆机出浆浓度	%	12	
30	送浆板车间浆浓度	%	12	
31	漂白段浆得率	%	96/97	
32	废水纤维含量	mg/L	40	
33	回收碱浓度	g/L	135	有效碱,以NaOH计
34	外购碱浓度	%	30	

2. 制浆车间生产物流浆水平衡图

制浆车间局部生产物流数质量流程图如图2.3所示。

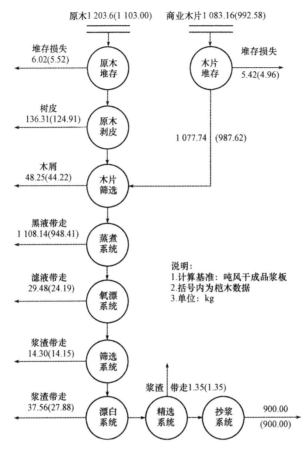

图 2.3 制浆车间局部生产物流数质量流程图

3. 主要设备选择说明及引进理由

作为现代化的大型浆厂,在设备的选择上主要立足于国际先进技术,要求其装备水平、自动化程度较高,而原料、动力消耗指标较低,最终达到节能、高效、安全、环保的目标。

由于目前国内制造商还不能提供像本项目这样能力大、装备水平高的制浆设备,故制浆车间纤维线引进了国外先进的工艺技术和关键生产设备,槽罐、标准离心泵、标准风机等通用设备则尽量国产化,以降低设备投资,提高经济效益。对于二氧化氯制备系统,目前国内也仅能制造产量不大于 2 t/d 的发生装置,远远达不到本项目的要求,因此也必须引进。

4. 主要设备能力计算

由于制浆车间主要工艺技术和设备均由国外供货商成套提供,故本项目着重进行国产配套设备的能力计算。

第2章 林-浆-纸企业生产工艺流程及设备

(1)蒸煮工段。按照物料平衡计算,每天需蒸煮粗浆 1 248 t(风干),生产效率 92%,故设计能力为 1 248/92%=1 357(t),每小时处理量 56.52 t。原料通过连续蒸煮器的时间约 260 min,原料单位体积装锅量 270 kg/m³,蒸煮后粗浆得率按 47% 计,连续蒸煮器充满系数取 0.95,则需要连续蒸煮器的有效容积为

$$V=\frac{qT}{\gamma\beta\varphi}=\frac{56\,520\times0.9\times260}{270\times47\%\times0.95\times60}=1\,828(\text{m}^3)$$

因此,选用连续蒸煮器的容积约 1 830 m³ 即可。

(2)洗选、漂白工段。

①洗选系统(包括氧脱木素)生产能力。蒸煮每天产粗浆 1 248 t(风干),系统生产效率按 92% 计,则系统日处理浆能力为

$$\frac{1\,248}{92\%}=1\,357(\text{ADMT})$$

②漂白系统生产能力。根据浆水平衡计算,进入漂白系统的浆量为 1 192 t(风干),系统生产效率按 92% 计,则系统日处理浆能力为

$$\frac{1\,192}{92\%}=1\,296(\text{ADMT})$$

③喷放锅。蒸煮每天产量为 1 248 t(风干),喷放浓度 10%。根据造纸设计相关规范,中间储存设备可按储存时间 4 h 设置,所以锅的有效容积为

$$V=\frac{1\,248\times0.9\times4}{24\times10\%}=1\,872(\text{m}^3)$$

因此,选用 1 台 2 000 m³ 的浆塔即可满足要求。

(3)未漂浆塔。根据制浆车间浆水平衡计算,进入未漂浆塔的浆量为 1 192 t(风干),浓度 10%。根据各设备供货商提供的资料,未漂浆塔宜设置 6 h 的缓冲时间,故浆塔有效容积为

$$V=\frac{1\,192\times6}{24\times10\%}=2\,980(\text{m}^3)$$

因此,选用 1 台 3 000 m³ 的浆塔即可满足要求。

(4)ClO_2 制备工段。

①系统生产能力。根据漂白工艺条件,ClO_2 日耗量为:生产马尾松浆时日耗量为 13.17 t,生产桉木浆时日耗量为 12.60 t。系统能力按 95% 的运行效率,并考虑约 30% 的富余量计算:

$$\frac{13.17}{95\%}\times130\%=18.0(\text{t/d})$$

系统生产能力 20 t/d。

②ClO_2 储存槽。ClO_2 储存槽宜设置 10 h 的储存时间,储存浓度 10 g/L,按最大产量计算槽的有效容积为

$$V = \frac{13.17 \times 10}{24 \times 10} \times 1\,000 = 549 (\text{m}^3)$$

选用有效容积为 210 m³ 的储存槽 3 台。

(5)化学品制备工段。

①NaOH 储存槽。根据漂白工艺条件，NaOH 用量为 24.04 t/d。因外购 NaOH 为液态，漂白用碱均在本车间储存，拟设 7 d 储存时间，储存浓度 30%(399.45 g/L)，储存槽的有效容积为

$$V = \frac{24.04 \times 7}{399.45} \times 1\,000 = 421 (\text{m}^3)$$

选用有效容积 220 m³ 的储存槽 2 台。

②H_2O_2 储存槽。根据漂白工艺条件，生产马尾松时 H_2O_2 用量最大，为 8.0 t/d。因外购 H_2O_2 为液态，漂白用 H_2O_2 均在本车间储存，拟设 3 d 储存时间，储存浓度 27.5%(相对密度 1.08)，储存槽的有效容积为

$$V = \frac{8.0 \times 7}{27.5\% \times 1.08} = 189 (\text{m}^3)$$

选用有效容积 200 m³ 的储存槽 1 台。

③H_2SO_4 储存槽。根据漂白工艺条件，生产马尾松时 H_2SO_4 用量最大，加上 ClO_2 工段硫酸用量，总耗量为 15.5 t/d。外购液态 H_2SO_4 在本车间储存，拟设 7 d 储存时间，储存浓度 98%(密度 1.836 5 t/m³)，储存槽的有效容积为

$$V = \frac{15.5 \times 7}{98\% \times 1.836\,5} = 60.29 (\text{m}^3)$$

选用有效容积 60 m³ 的储存槽 1 台。

④$MgSO_4$ 储存槽。根据漂白工艺条件，$MgSO_4$ 用量为 2.86 t/d。溶解后的 $MgSO_4$ 储存时间按 12 h 设计，储存浓度 60 g/L，即 60 kg/m³，则储存槽的有效容积为

$$V = \frac{2\,860 \times 12}{24 \times 60} = 23.83 (\text{m}^3)$$

选用有效容积 25 m³ 的储存槽 1 台。

2.3　浆板车间

浆板车间由精选工段、抄浆工段和打包完成工段组成。

为保证漂白浆板的质量，制浆车间送来的漂白浆先经过精选系统进一步去除漂白浆的杂质。精选系统采用三段精筛、两段低浓除砂相结合的系统。

浆板机采用 4 200 mm 幅宽的机型，主要配置有流浆箱、双网成形器、靴式压榨机、气垫干燥器和切纸机。切好的 700 mm×840 mm 规格的浆板在全自动打包生产线打成 2×4 小包或 2×3 小包的大包后，送成品库储存。

2.3.1 生产流程简述

1. 主生产流程

制浆车间送来的漂白硫酸盐木浆，经三段压力筛＋二段除砂筛选，一段压力筛的良浆送抄造浆槽后经冲浆送流浆箱，末段除砂器尾浆排出系统，用斗车或农用车运出车间。浆料经双网部脱水形成湿纸幅，再经压榨部三道压榨后，进入干燥部，干燥后的浆板经切纸机分切成 700 mm×840 mm 浆板，进入自动打包生产线打包。

2. 成品库

成品库堆放成品浆板。

3. 损纸系统

网部湿损纸直接进入湿损碎浆机，压榨部湿损纸由输送机送入湿损碎浆机，湿损碎浆机的网部纸边湿损纸用浆泵直接泵进混合浆槽，故障湿损纸用浆泵泵入损纸塔；出干燥部的干损纸直接进入干损碎浆机，切纸机的干损纸用输送机送到干损碎浆机，干损碎浆机的干损纸用浆泵送到损纸塔；损纸塔里的混合损纸送混合槽按比例配浆，损纸经过又一次筛选，可以提高成浆质量。

4. 白水系统

从浆板机出来的白水再循环用于稀释，多余白水则引入白水储存塔，用作高浓浆塔、精选工段、湿部和干燥部损纸打浆的稀释水，多余白水送制浆车间使用。

5. 喷淋系统

网部及压榨部的毛布和网的清洁采用清洁温水经多台加压泵加压后，得到不同压力的中、高压水，用于不同部位的喷淋清洗。

6. 真空系统

采用五台不同真空度的真空泵对网部湿浆及压榨毛布喷淋清洗后脱水。真空系统采用水环式真空泵，每个真空点（网部、压榨部、压榨毛布）均由单独的泵或独立泵腔控制。主真空管道有一个分离器，以分离进入真空泵的水和空气。真空泵的密封水循环回用，可以节约清水。

7. 打包生产线

打包生产线是一条完整的打包线。在平面布置时要考虑预留第二条打包线的位置，浆包在压包前的储存区有约 30 min 的储存时间，包装用浆板储存区可储存 24 h。

从切纸机、堆码机下来的浆包落到主平台输送机上,主平台将浆包卸到摆动输送机上,转过90°后,把浆包送到移动输送机上。浆包经过几条输送机运送,然后分开并单个送至称重输送机上自动称重。

单个浆包的质量将被自动记录,一旦浆包的质量被记录,称重输送机便将称量后的浆包由压包机前的皮带输送机送入压包机。在压包机中,浆包被压缩到合适的高度。然后,浆包进入装在校正输送机上的浆包校正器进行对中校正。浆包对中后进入封皮机,封皮机会把顶部和底部的封皮纸准确地放到浆包上。

当封皮浆板放到浆包上后,浆包进入第一道捆扎机,预定数量的铁丝把浆包捆好,封皮浆板贴在浆包上。

浆包经过第一道捆扎后,被送入转向平台机构,该机构包括对中装置、转向平台及输送机。在此处浆包完成定位、提升、转向90°,然后回到输送机上。转向后的浆包被送入端部折边机构,在此处浆包完成折边封头,折边后浆包通过折边护板输送至第二道捆扎机并捆扎上预定数量的铁丝。

经过捆扎后的浆包进入喷码输送机进行两侧的喷码标识,然后浆包进入液压叠包机,叠到预定的四垛高,由叠包储存输送机送到转向输送机上。

从叠包储存输送机来的两垛浆包在转向输送机上转过90°,送往一个平交的滚子平台。在滚子平台上两垛浆包被推向捆扎机并调整到正确的角度。

在捆扎机上两垛浆包被一定数量的铁丝打成一个捆,打成捆的浆包通过捆包储存输送机平交输送到出口台板。这些捆包在出口台板被叉车搬运开之前一直停留在储存输送机上。

在打包生产线旁边备用大包及小包捆扎机各一台,当在线捆扎机需要检修时可以方便地推出,替换上备用捆扎机,插上电源并运行,此时备用捆扎机修改其设置参数。

从切纸机、堆码机下来的封皮浆板落到主平台输送机上,主平台将这些浆包转送至包装输送机,转过90°后浆包通过移动输送机送到封皮浆板送纸输送机上。这个系统利用一个平交的输送机把封皮浆板输送到封皮机的进料台,封皮浆板经封皮机的喂料输送机送入封皮机。

2.3.2 技术特点及采用的新技术

流浆箱采用水力式流浆箱,其有一个稀释系统用于稳定浆料的横幅定量。Andritz网部由底网和顶网组成,浆料可以通过顶网和底网进行脱水,脱水距离最短。这种方法也避免了长网脱水出现的成纸两面差,即细小纤维集中在浆料和网面的接触面,使浆幅的脱水性能降低。双网成形可以提供最柔和、最有效的脱水,同时浆幅的成形和强度最好,产能最高。安装在网部的蒸汽箱能把浆幅温度提高到约 15 ℃，以提高进入压榨部的干度和运行性能，干度约为 24% 的浆幅在带毛毯的预压辊做进一步的脱水（和吸移毛毯一起运行），吸移毛毯配有一个真空吸水箱，以便在进入真空脱水辊的第一个压区前将滤液吸出。

压榨部的设计是为了使浆幅脱水，以达到最大可能的干度。压榨部由一个三辊复合压榨和一个双毛布靴式压榨组成。由于采用了极好的毛布圈路设计，其更换毛布的时间非常短（即使采用的是较重且占空间的毛布）。

干燥部采用 Flakt 气垫干燥机，Flakt 气垫干燥机采用加热后的空气来干燥和支撑浆幅。浆幅进入干燥机的上部平台，悬在气垫上，顺着干燥机全长进行多次水平方向的来回运动，最后从浆板机出口出来。浆幅和干燥平台之间始终稳定保持着一定的距离，且浆幅张紧度较低。较低的浆幅张紧度使浆板机能够处理低强度的浆幅。这样可以保证更为稳定的运行，减少停机时间。

Flakt 气垫干燥机的气垫系统是最早开发的，并在 Flakt 造纸干燥机上应用了许多年。其基于伯努利原理，即两个面之间的气流可以产生一种力量，使两个面之间保持一定的距离。

气垫系统将浆幅完全托起，使其与干燥平台保持一定的距离，且无浆幅摆动。浆幅在此系统被风干，可以保证其完全平整无摆动，横向无张紧力，纵向张紧力达到最小。

干燥室由若干单独的中间隔室组成，配有蒸汽盘管以加热空气，风机将热风分配到吹风箱。

除了位于设备两端的旋转辊将浆幅从一个气垫层面送到下一个气垫层面，干燥室内部没有转动设备。所有的轴承都位于干燥室外部，易于维护。

所有的加热盘管和循环风机也置于干燥室的外侧，易于维护。一旦某一台风机或风机电机发生故障，整个组件可以单独从干燥机拆除。

干燥机的真空清洁系统包括干燥机两侧的总管、联箱，便捷的定位连接使清洁加热盘管之前致密的网筛和干燥机内部变得更为容易。清洁工作可在干燥机正常运行时进行。

底部的吹风箱提供稳定的冲击式气源。顶部的吹风箱喷出的冲击气体只用以提高热传导率。顶部的吹风箱可以方便地进行检查。

干燥机的速度由齿轮电机通过链条驱动入口转辊和出口转辊的速度进行调节。为保证合适的浆幅张紧度，干燥机在浆板幅入口转辊设有张力传感器，张力传感器定位于辊子轴承处，其输出信号用于速度的调节。

在正常运行时，干燥机转辊的驱动与链传动是脱开的，只有出口浆板幅速度需要控制时，出口转辊驱动带上链传动。引纸装置在引纸时，由单独的齿轮电机驱动，自动完成从入口到出口的引纸动作。

冷却区利用厂房空气冷却和支撑幅面,幅面自动地从干燥区送入冷却区的气垫层。

下部的冷却区与干燥区的气垫层在机理上是一致的。

冷却区与干燥区通过干燥机的送风气室和绝热底板隔离。

热回收系统通过利用干燥机排出气体的热量预热送入的气体来降低干燥机运行费用。排、送风机用以维持干燥机内的湿度在一个最佳水平。

热回收第一步是加热送入的空气,采用直接加热式热交换器换热。由送风机送入干燥机的空气在风机塔内的蒸汽盘管处进一步加热。

回收的热量还用于加热工艺用水或加热用于通风系统的水源。

2.3.3 主要工艺技术指标

主要工艺技术指标如表2.9所示。

表2.9 主要工艺技术指标

序号	名称	单位	数据	备注(☆为物流关注点)
1	年工作时间	d	350	
2	日工作时间	h	22.5	
3	年产量	万t/y	40	☆
4	纸机生产能力	t/d	1 350	☆
5	产品定量	g/m²	800~1 200	计算定量1 050 g/m²
6	流送系统			
	一段精筛浓度	%	2.7	
	精筛纤维流失率	%	0.15	
7	抄浆			
	浆板机抄造速度	m/min	80~250	
	浆板机工作车速	m/min	191	抄造定量1 050 g/m²
	净纸宽度	mm	4 200	
	浆板机上网浓度	%	1.5~1.7	
	进干燥部的干度	%	48	
	出干燥部的干度	%	≥80	
	出干燥部浆板温度	℃	≤40	
	抄造率	%	95	
	成品率	%	97	☆
	成品水分	%	≤20	计算水分10%☆

2.3.4 原材料质量标准及消耗指标

1. 原材料质量标准

A. 浆料：

制浆来浆料pH：5～6；温度：65～70 ℃；白度：85%～90%ISO。

B. pH调节液：

纯度(H_2SO_4,%质量)	≥98
燃烧残留物(%)	≤0.1

给水条件：

浑浊度(以 SiO_2 计)	≤5 mg/L
总硬度(以 $CaCO_3$ 计)	≤200 mg/L
色度(以铂单位计)	≤5 mg/L
铁(Fe)	≤0.3 mg/L
pH	6.5～8
Mn	≤0.1 mg/L
氯化物(以 Cl^- 计)	≤20 mg/L
工艺水水温	≤32 ℃

供水压力各车间及各建筑物进口水压不小于0.4 MPa(绝压)。

2. 原材料、物料、动力消耗指标及需用量

原材料、物料、动力消耗指标及需用量如表2.10所示。

表2.10 原材料、物料、动力消耗指标及需用量

序号	名称	单位产品消耗定额		产量或消耗量			备注(☆为物流关注点)
		单位	数量	单位	每日	每年	
1	漂白木浆	kg/t浆板	901.35	t	1 028.6	360 540	绝干☆
2	聚酯网	m^2/t浆板	0.02	m^2	22.86	8 000	
3	毛布	kg/t浆板	0.04	kg	45.71	16 000	
4	水	m^3/t浆板	5.03	万m^3	0.575	201.22	☆
5	电	kW·h/t浆板	143.4	万kW·h	16.39	573.77	
6	蒸汽	t/t浆板	1.25	t	1 470.6	500 000	

2.3.5 浆水平衡及主要设备选择

1. 浆水平衡计算定额及依据的数据

浆板车间浆水平衡计算定额及工艺技术数据如表2.11所示。

表 2.11 浆板车间浆水平衡计算定额及工艺技术数据

序号	指标名称	单位	定额	备注
1	一段精筛进浆浓度	%	2.7	
2	一段精筛排渣率	%	15	
3	二段精筛进浆浓度	%	2.0	
4	二段精筛排渣率	%	15	
5	三段精筛进浆浓度	%	1.6	
6	三段精筛排渣率	%	15	
7	四段低浓除砂器进浆浓度	%	0.6	
8	四段低浓除砂器排渣率	%	20	
9	五段低浓除砂器进浆浓度	%	0.3	
10	五段低浓除砂器排渣率	%	20	
11	成品浆板宽度	mm	4 200	
12	定量	g/m^2	1 050	
13	浆板机抄造率	%	95	
14	浆板机成品率	%	97	
15	损纸率	%	5	
16	干损率	%	2	
17	压榨损纸率	%	1	
18	湿损率(伏辊)	%	2	
19	真空伏辊带出纤维率	%	0.5	对进浆
20	浆板机上网浓度	%	1.7	
21	真空伏辊前干度	%	16	
22	压榨前干度	%	24	
23	压榨后干度	%	48	
24	浆板干度	%	90	
25	网部带出纤维率	%	15	对进浆
26	压榨部带出纤维率	%	2	对进浆
27	流浆箱回流率	%	10	
28	干损纸碎浆机碎浆浓度	%	3	

2. 浆水平衡图

浆水平衡图详见图 2.3。

3. 主要设备选择说明及引进理由

由于生产能力较大,产品质量要求高,车间的主体设备采用进口设备,辅助设备如泵类、电机、风机、槽罐、换热器等则采用国产设备。

4. 主要设备一览表

主要设备一览表如表2.12所示。

表2.12 主要设备一览表

序号	设备名称	规格及数据	数量	备注
1	高浓浆塔	3 000 m³	2	
2	一段精筛	面积2.95 m²,筛缝0.20 mm	3	
3	二段精筛	面积2.95 m²,筛缝0.20 mm	1	
4	三段精筛	面积0.94 m²,筛缝0.20 mm	1	
5	四段除砂器	$Q=250$ L/s,$C=0.6\%$	10	
6	五段除砂器	$Q=250$ L/s,$C=0.3\%$	6	
7	冲浆泵	$Q=52\,000$ L/min,$H=21$ m	1	
8	4 200 mm长网浆板机	日产1 350 t,最高车速250 m/min,幅宽4 200 mm	1	
9	切纸机	幅宽4 200 mm	1	
10	自动浆板打包线	日产1 350 t	1套	
11	1号真空泵	$Q=130$ m³/min,$H=-(3.5\sim4.5)$ mWC	1	
12	2号真空泵	$Q=180$ m³/min,$H=-(4.5\sim6.5)$ mWC	1	
13	3号真空泵	$Q=180$ m³/min,$H=-3.0$ mWC	1	
14	4号真空泵	$Q=130$ m³/min,$H=-4.5$ mWC	1	
15	5号真空泵	$Q=130$ m³/min,$H=-4.5$ mWC	1	
16	压榨液压系统		1套	
17	电动双梁起重机	起重量10 t	1	
18	双小车双梁桥式起重机	起重量32 t	1	

5. 主要设备选型计算

本计算以浆板车间主要工艺技术指标及浆水平衡图为依据。已知浆板生产能力40万t/年,系统效率按85%计,则每天产量1 344 t。日工作时间22.5 h。

(1)高浓浆塔。

高浓浆塔的储浆浓度为10%,储浆容积为2×3 000 m³,按每天产量1 344 t,

日工作时间以 22.5 h 计,则高浓浆塔的储浆时间为
$$2\times 3\ 000/[(1\ 344\times 0.9)/(22.5\times 0.10)]=11(h)$$

根据主要设备供货商提供的资料,浆板机日常更换部件时间最长约 8 h,故高浓浆塔的储浆时间可以满足生产要求。

(2)冲浆泵。

冲浆泵的通过能力为 $1\ 344\times 0.9\times 1\ 000/1.7\%/22.5/60=52\ 706(L/min)$。

故选用冲浆泵 1 台,流量为 52 000 L/min,扬程为 21 m。

(3)双网浆板机。

双网浆板机的有效生产时间 $K_1=22.5$ h,抄造率 $K_2=95\%$,成品率 $K_3=97\%$。

选定成品浆板宽为 4 200 mm,计算定量为 1 050 g/m²,工作车速为 250 m/min,则浆板机每天的产量为

$$G=0.06\ qVBmK_1K_2K_3/1\ 000$$
$$=0.06\times 1\ 050\times 250\times 4.2\times 22.5\times 95\%\times 97\%/1\ 000$$
$$=1\ 371.5(t/d)$$

2.4 碱回收车间

车间各工段的设备设计计算能力分别为:蒸发工段蒸发水量 489 t/h,燃烧工段日最大连续处理黑液固形物 2 200 t,产过热蒸汽(表压 9.2 MPa,490 ℃)量约 355 t/h,苛化工段日产活性碱(NaOH 计)约 590 t,白液量处理能力为 5 200 m³/d(135 g/L 以 NaOH 计),石灰回收装置生产能力为 400 t/d。

制浆车间送来的稀黑液,经蒸发站结晶蒸发浓缩到 81.3%(加灰后)直接进碱炉燃烧,从碱炉出来的熔融物用苛化工段送来的稀白液溶解成绿液后用回收的石灰进行苛化,经过滤生产高质量的白液(含悬浮物低于 20 ppm)供蒸煮使用;燃烧产生的热量用来生产过热蒸汽供热电站发电。碱回收率≥95%,自给率 100%,碱回收炉热效率≥72%。车间单项消耗指标和三废排放指标均可达到国际先进水平。

对于苛化产生的白泥,从环保和生产的连续稳定来考虑,本项目设白泥回收装置,将白泥送至石灰回转窑煅烧成石灰,送回生产系统循环使用。

车间考虑皂化物粗加工塔尔油生产系统,同时考虑可以将皂化物送燃烧工段碱回收炉燃烧的可能。本车间还设重油库储存锅炉启动点火用辅助燃料和石灰回收窑燃料。

车间大部分设备采用露天或半露天布置。

车间在设计中考虑了高、低浓臭气的收集处理系统,碱炉设计考虑能烧掉高、

低浓臭气。此外,还设有非正常生产时使用的高浓臭气燃烧器和低浓臭气洗涤系统。

车间分为蒸发工段、燃烧工段、苛化工段、石灰回收工段、塔尔油系统及重油库。车间的产品是回收碱液及过热蒸汽。回收碱液活性碱浓度 135 g/L(NaOH 计),澄清度≤20 ppm,硫化度≥30%;过热蒸汽表压 9.2 MPa,温度 490 ℃。

2.4.1 生产流程简述

1. 蒸发工段

蒸发工段的任务是将制浆车间送来的稀黑液进行蒸发浓缩并送往燃烧工段使用。采用 7 效板式蒸发站,Ⅰ效为三体效,Ⅱ效为一体两室效,Ⅵ、Ⅴ、Ⅳ、Ⅶ效设有黑液闪蒸分离区。蒸发站总蒸发面积为 34 027 m²,蒸发能力为 489 t/h,出站黑液浓度为 80%(不计加灰),出站黑液温度为 135 ℃。

为了有利于撇皂,制浆车间送来的稀黑液(16.26%,120 ℃)经换热冷却后进入稀黑液槽储存,再泵送至Ⅳ效闪蒸区闪蒸后依次到Ⅴ、Ⅵ效闪蒸,在Ⅶ效通过循环开始浓缩,然后逆流到 Ⅵ 浓缩后出到中浓黑液槽撇皂后再逆流到Ⅴ、Ⅳ、Ⅲ、Ⅱ效进行进一步浓缩;Ⅱ效蒸发器为一体两室蒸发器,其中一室可以轮流切换为用稀黑液进行清洗状态;经Ⅱ效浓缩后的浓黑液经 I_C、I_B、I_A 继续浓缩,I_A 出来的浓黑液闪蒸后送压力黑液储存槽储存,然后送碱回收炉进行燃烧。从 I_B 体取出部分浓黑液储存于黑液槽中,而后送到碱灰混合槽,与碱炉的碱灰进行混合后作为带晶核的黑液送回 I_C,与从Ⅱ效送来的黑液混合进效促使结晶蒸发顺利进行。

蒸发站使用中压蒸汽与低压蒸汽两种汽源,低压蒸汽给 I_B、I_C 提供加热热源,I_B、I_C 二次汽送Ⅱ效作为Ⅱ效热源,而后依次类推。

中压蒸汽给 I_A 做加热热源,I_A 的二次汽送 I_C 分离室做加热热源。

蒸发器出来的二次冷凝水分别进行扩容闪蒸。蒸发器二次冷凝水可分为 A 类轻污冷凝水、B 类轻污冷凝水和含高甲醇的重污冷凝水三种。Ⅱ、Ⅲ、Ⅳ、Ⅴ、Ⅵ、Ⅶ效蒸发器设有自汽提结构,可以对本效二次冷凝水进行汽提,Ⅱ、Ⅲ、Ⅳ效蒸发器二次冷凝水经自汽提后送 A 类轻污冷凝水槽储存。Ⅴ、Ⅵ、Ⅶ效蒸发器二次冷凝水经自汽提后送 B 类轻污冷凝水槽储存。

重污冷凝水是 I_A 的二次汽在 I_C 冷凝后的二次冷凝水及表面冷凝器二次蒸汽冷凝水,重污冷凝水收集并泵送重污冷凝水槽,后经汽提塔汽提后送 A 类轻污冷凝水槽储存。表面冷凝器出来的不凝气体经水环真空泵排出后送 NCG 处理系统处理。

蒸发工段设有完善的臭气收集系统,收集生产过程中产生的低浓、高浓臭气送往燃烧工段燃烧。清冷凝水送热电站软化水处理系统处理后回用。

从中浓黑液槽中撇出来的皂化物储存后送塔尔油系统制成粗塔尔油产品后外卖。污冷凝水槽分离出来的松节油经分离器分离后外卖或送燃烧工段燃烧。

2. 燃烧工段

首先将从蒸发站 I_B 送来的70%浓度的浓黑液送到碱灰混合槽与碱灰混合，混合碱灰后的黑液再送回蒸发站经 $I_C \rightarrow I_B \rightarrow I_A$ 进行结晶蒸发，出来的高浓黑液经闪蒸后送压力高浓黑液储存槽储存，高浓黑液浓度为81.3%（已经与芒硝和碱灰混合），温度为135 ℃。而后用入炉泵经黑液加热器加热至140 ℃后送入炉膛燃烧。碱炉上的黑液环管管道设有黑液浓度检测系统，当送来的黑液浓度低于58%时，不许入炉，而转送到碱灰混合槽。

碱回收炉设有高浓臭气及低浓臭气燃烧装置。高浓臭气由各车间收集后送到燃烧工段进行气液分离，臭气送入二次风附近的高浓臭气燃烧器进行燃烧。高浓臭气采用柴油助烧，同时设有旁通臭气燃烧火炬，以便在碱炉停炉或臭气燃烧系统发生事故时让臭气旁通燃烧。

低浓臭气由各车间收集后到燃烧工段进行气液分离，气液分离后的臭气加热到100 ℃与加热后的补充空气混合作为三次风入炉燃烧。

燃烧生成的熔融物经4个溜槽流入溶解槽，用来自苛化工段的稀白液溶解后所得绿液连续送往苛化工段。熔融物经溜槽设有蒸汽消声装置消声。

碱回收炉生产的蒸汽压力为9.2 MPa（表压），温度为490 ℃，送热电站汽机间并网发电。

碱回收炉的吹灰用汽为3.0 MPa（表压），温度为350 ℃，从热电站汽机抽汽送来。

碱炉为半露天布置。碱炉排出的烟气经三室三电场静电除尘器处理后，由引风机排至烟囱排放。碱炉配置点火油枪，使用重油作为开炉、停炉及特殊情况下的燃料。本工段设有重油工作油箱。

3. 苛化工段

燃烧工段来的绿液先到绿液稳定槽充分混合均匀后，到压力式绿液器过滤澄清后，绿液送绿液槽储存，澄清绿液泵经冷却后与回收石灰一起在石灰消化器中消化；绿液澄清器沉下绿泥用预挂式过滤机进行洗涤、脱水后送厂外填埋；消化乳液送连续苛化器苛化后泵送 CD 压力过滤机进行过滤，CD 压力过滤机滤出的浓白液送浓白液储存槽储存后泵送制浆车间使用，白泥则经白泥洗涤槽洗涤，洗涤后的白泥储存于白泥储存槽，后送至白泥盘式过滤机过滤脱水至干度约75%后，送白泥回收装置煅烧成石灰后回用。从白泥盘式过滤机出来的澄清稀白液储存于稀白液槽，后泵送燃烧工段溶解槽溶解碱炉出来的熔融物形成绿液。

4. 石灰回收工段

白泥回收工段采用旋转短窑对白泥进行煅烧生产石灰,日产石灰 400 t。从苛化系统出来的白泥,经带式输送机送至旋风分离器,用石灰窑尾气预干燥后,经喂料螺旋进入喂料端装置,与补充石灰石以及静电除尘器收集的粉尘一起进入石灰窑。在窑内,物料迎着高温烟气沿倾斜方向向下翻滚,先后经链条区、干燥区、中间区和煅烧区。成品灰由卸料端排出,至冷却器冷却,大块的成品灰经回收石灰粉碎机粉碎后,与出冷却器的粒度约 30 mm 的成品灰一起经刮板输送机、斗式提升机送入苛化工段的石灰仓供消化使用。

5. 塔尔油系统

针叶木碱法制浆洗出的黑液含有一定量的脂肪酸和树脂酸,这些有机酸在黑液中以皂化物的形式存在。在蒸发工段从Ⅵ效出来的黑液(约 30%)在撇皂槽中将皂化物从黑液中分离出来洗涤储存后与 H_2SO_4 在反应器中反应生成粗塔尔油,而后经分离、储存后外卖。

6. 重油库

工程使用重油作为动力锅炉、碱回收锅炉启动及石灰回收工段石灰回转窑燃料,每年使用量约为 21 000 t。本油库考虑运输关系,设计储存能力为 3 600 t,储存时间为两个月。

重油由火车经厂区铁路到本油库,经卸油系统卸装到储油槽储存。重油储存设有完善的储槽及输送加热系统,从储油槽出来的重油由设有蒸汽夹套加热的输油管道送到使用车间的工作油箱。

2.4.2 技术特点及采用的新技术

1. 蒸发工段

(1)采用结晶蒸发技术。一般情况下,当黑液浓缩至 45%~55% 时,黑液中的 Na_2CO_3 和 Na_2SO_4 等无机盐将结晶析出。通常,结晶物是由 2 mol Na_2CO_3 和 1 mol Na_2SO_4 组成的碳酸钠矾。工程采用结晶蒸发技术,通过在结晶产生前的黑液中混入碱灰抑制碳酸钠矾的结晶晶核长大,使Ⅰ效蒸发站能在结晶状态下运行而加热元件不发生结构破坏,从而使得黑液浓度得到大幅度提高,降低浓缩黑液所耗的能源,大大提高碱回收炉的运行效率及热效率。

(2)同一蒸发罐可以使用不同的加热介质。

(3)蒸发罐内设自汽提结构,能有效地提高冷凝水的分离效果。

(4)系统未来的可扩展能力强。

(5)对极端的不利因素抵抗能力强。

(6)即使存在 Ca、Si 等不可溶物质,也可以不采用药品或酸洗。

(7)结构紧固不会因沸腾而移位。

(8)板面结构使其具有良好的高固形物含量和高黏度黑液的处理能力。

(9)合理的板面形状及板面距离可以使蒸汽和二次汽有合理的通过速率。

(10)合理的板面结构使黑液均匀地分配和尽量形成液膜湍流,使蒸发罐具有较高的蒸发效率。

2. 燃烧工段

(1)采用高浓黑液直接入炉燃烧,尽可能提高碱回收炉的热效率。

(2)采用垂直交叉布风专利技术,使空气与可燃物混合均匀,烟气上升缓慢均匀,有利于燃烧、减少飞灰、降低腐蚀。

(3)独立的高浓臭气燃烧系统使全厂的低浓臭气及溶解槽排气经三次风送入燃烧,充分降低污染物的排放。

(4)炉膛底部经特殊设计形成 U 形整体,没有焊缝及缝隙,炉底由凝固的熔融物作为炉底保护层,减少安装难度和维修量。

(5)管屏式过热器,管与管之间采用互扣式连接,没有缝隙。减少积灰,管与管之间可以纵向滑动,正常情况下不需维修。

(6)碱回收炉采用前锅炉管束技术,既可以降低进锅炉管束烟气温度,大量减少积灰,又解决了常规采用冷水屏导致当碱炉低负荷运行时不能保证蒸汽温度的问题,提高了碱炉的热效率。

3. 苛化工段

(1)浊绿液使用的绿液澄清器具有绿液澄清和澄清绿液储存的功能。清绿液浊度可低于 80 ppm。操作方便简单,易维护。

(2)为避免消化提渣机中绿液沸腾,流程设有绿液冷却器。绿液冷却器采用先闪蒸绿液后冷凝闪蒸蒸汽的方法,避免换热器与绿液直接接触而结垢。

(3)绿泥外排干度≥45%,残碱≤4%(Na_2O 计)。

(4)白液过滤采用 CD 压力过滤机,单台生产能力大,机构紧凑,白液浊度可稳定≤20 ppm。CD 压力过滤机预挂层更换采用单扇区短吹方式,更换预挂层时生产可不间断。

(5)白泥经过白泥洗涤槽进一步洗涤,有利于白泥的洗净,使送到石灰回收工段的白泥含碱量更低,回收石灰的质量更加有保证。

(6)白泥脱水采用目前最先进的白泥盘式真空过滤机,干白泥输送采用刮板输送机。设备单台生产能力大,节能,机构密闭性好。出白泥干度≥75%,残碱≤0.3%(Na_2O 计)。

(7)工段除密封水及过滤机最后一道喷淋水外,其他清洗、喷淋水都使用蒸发工段的轻污冷凝水。

4. 石灰回收工段

(1)进入石灰窑前的石灰采用窑外白泥气浮干燥(闪急干燥),不需窑内干燥段,因此可减少石灰窑的长度,使得进窑白泥干度接近100%,石灰产量及质量较稳定。

(2)采用上下双螺旋进料装置,排烟温度控制简单,故障率低。

2.4.3 主要工艺技术指标

碱回收车间主要工艺技术指标如表2.13所示。

表2.13 碱回收车间主要工艺技术指标

序号	名称	单位	数量	备注(☆为物流关注点)
1	碱回收率	%	95	☆
2	碱自给率	%	100	
3	蒸发器效率	kg 水/kg 汽	6.4	清冷凝水100%回收
4	稀黑液浓度	%	16.26	
5	稀黑液温度	℃	120	
6	出蒸发站浓黑液浓度	%	80	(不计灰)
7	蒸发站轻污冷凝水COD含量	ppm	≤400	
8	蒸发站重污冷凝水COD含量	ppm	≤1 300	
9	额定处理黑液固形物	t/d	2 200	
10	入炉黑液浓度	%	80	(不计灰)
11	入炉黑液温度	℃	140	
12	锅炉给水温度	℃	120	
13	一、二次风入炉温度	℃	150	
14	三次风入炉温度	℃	100	
15	烟气出省煤器温度	℃	180	干烟气含氧量3%
16	碱回收炉产汽	t/h	355	
17	芒硝还原率	%	95	
18	碱回收炉热效率	%	72.7	
19	产蒸汽压力	MPa(g)	9.2	
20	产蒸汽温度	℃	490	
21	碱炉排放烟气中SO_2含量	mg/Nm^3	≤100	☆

续表

序号	名称	单位	数量	备注(☆为物流关注点)
22	碱炉排放烟气中总硫(TRS)含量	mg/Nm³	8	☆
23	碱炉排放烟气中粉尘含量	mmg/Nm³	≤120	☆
24	白液浓度($NaOH+Na_2S$)	g/L	135	以 NaOH 计☆
25	白液硫化度	%	30	☆
26	苛化度	%	80	
27	白液澄清度	ppm	≤20	
28	白泥干度	%	≥75	
29	白泥残碱含量(Na_2O)	%	≤0.3	☆
30	绿泥干度	%	≥45	
31	绿泥残碱含量(Na_2O)	%	≤4.0	☆
32	石灰回收率	%	95	
33	石灰有效 CaO 含量	%	≥80	☆
34	吨回收石灰重油消耗	kg	≤150	
35	石灰回收排放烟气中 SO_2 含量	mg/Nm³	≤110	☆
36	石灰回收排放烟气中粉尘含量	mg/Nm³	≤150	☆

2.4.4 原材料及动力消耗指标

原材料及动力消耗指标如表 2.14 所示。

表 2.14 原材料及动力消耗指标

序号	名称	单位产品消耗定额		年消耗量		国内已达到的先进指标	备注(☆为物流关注点)
		单位	数量	单位	数量		
1	石灰石	t/t 碱	0.042 3	t	8 750		☆
2	芒硝	kg/t 碱	87.02	t	18 000		外购 13 090
3	磷酸三钠	kg/t 碱	2.94	t	606		☆
4	重油	kg/t 碱	101.74	t	21 040		
5	水	m³/t 碱	31.70	万 m³	656.5		☆
6	电	kW·h/t 碱	297.55	万 kW·h	6 153.8		
7	汽	t/t 碱	自给	t	自给		

注：年回收活性碱 206 840 t(以 NaOH 计)

2.4.5 主要设备选择

1. 蒸发工段

(1)工段选用九体七效全板降膜蒸发器,其中Ⅰ效为三体效,Ⅱ效为一体双室蒸发器。蒸发效率可以达到 6.4 kg 水/kg 汽,操作简单,蒸发能力范围宽,在较低的能力下也能正常运行。蒸发站出站黑液浓度可达 80%(不计灰),技术上完全可以满足蒸发站的生产要求。

(2)蒸发器选用计算。

①蒸发器计算基本数据:

公称日产量按 1 143 ADMT/d 计算。

蒸发工段运转率为 93%。

到蒸发站稀黑液量为 10.72 m³/ADMT。

进蒸发站黑液浓度为 16.26%。

进蒸发站黑液浓度为 80%(不计灰)。

经查表,固形物含量为 16.26% 时,黑液密度为 1.089 t/m³。

固形物含量为 80% 时,黑液密度为 1.6 t/m³。

出蒸发器黑液浓度为 80%。

总蒸发水量为 $1\,143 \times 10.72 \times \left(1 - \dfrac{1.089 \times 16.26}{1.6 \times 80}\right) = 10\,558 \,(\text{m}^2)$。

每小时蒸发水量为 10 558/24=440(t/h)。

计入运转率蒸发站的能力为 440/0.93=473(t/h)。

取蒸发站的蒸发能力为 489 t/h。

②蒸发面积确定。根据经验,七效板式蒸发器蒸发强度为 15~20 kg/(m²·h),取中间值 16 kg/(m²·h),蒸发面积计算为

$$\dfrac{489}{16} \times 1\,000 = 30\,563 \,(\text{m}^2)$$

选用蒸发站总蒸发面积为 34 027 m²,可以满足生产的需要。其中 I_A 为 1 802 m²,I_B 及 I_C 为 3 101 m²,Ⅱ效面积为 4 293 m²,Ⅲ、Ⅳ效面积为 3 869 m²,Ⅴ效面积均为 4 240 m²,Ⅵ效面积为 4 770 m²,Ⅶ效面积为 4 982 m²,冷凝器的面积为 2 770 m²。

③稀黑液槽储存时间计算。

到蒸发站稀黑液量为 10.72 m³/ADMT。

日额定生产能力为 1 143 ADMT/d。

每小时黑液量为 1 143×10.72/24=511(m³)。

设计稀黑液槽有效容积:两个 3 300 m³。

储存黑液时间为 3 300×2/511＝12.9(h)。

(3)由于目前国内还没有设备厂商生产同类规模及技术的蒸发设备,因此蒸发站除槽罐、一般离心泵采用国产产品,其余都从国外引进。

2. 燃烧工段

(1)为了贯彻国家"开发与节约并重"的能源政策,近几年来,节能高效的高温高压机组开始在造纸行业得到应用。综合以上比较,本项目碱炉主蒸汽参数为压力 9.2 MPa(g)、温度 490 ℃。

(2)国产或引进碱回收炉的选择。本项目的碱回收炉额定日处理 2 200 t 黑液固形物,产汽达 355 t/h,是全厂的动力中心,对全厂能否安全有效生产起着关键作用。因此,为了保证工厂的安全生产,本项目碱回收炉本体及关键辅助设备引进 Andritz 先进设备,其他辅助设备采用国内配套设备。

(3)设备能力计算。

①碱回收炉额定处理能力。考虑到碱回收炉处理能力为 75%～110%可以保证碱回收炉产汽参数,因此选用额定处理能力为日处理 2 200 t 黑液固形物的低臭单气包炉。涉及的车间和工段有制浆车间、浆板车间、蒸发工段、燃烧工段、苛化工段。表 2.15 主要以马尾松和桉木作为计算依据。

表 2.15 碱回收炉处理能力的计算表

序号	项目	单位	全马尾松	全桉木
1.1	年生产能力	ADMT/y	400 000	400 000
1.2	生产天数	d/y	350	350
1.3	公称日产量	ADMT/d	1 142.86	1 142.86
1.4	车间(工段)的运转率			
1.5	制浆车间	%	92.00	92.00
1.6	浆板车间	%	85.00	85.00
1.7	蒸发工段	%	93.00	93.00
1.8	燃烧工段	%	97.00	97.00
1.9	苛化工段	%	90.00	90.00
1.10	石灰回收	%	92.00	92.00
2.1	蒸煮得率	%	47.00	50.50
2.2	氧漂得率	%	97.00	97.50
2.3	氧漂后浆得率	%	45.59	49.24

续表

序号	项目	单位	全马尾松	全桉木
2.4	除节、筛选损失	%	1.50	1.50
2.5	漂白得率	%	96.00	97.00
2.6	细浆得率	%	42.33	46.31
2.7	吨浆耗木片量(进蒸煮)	t/ADMT	2.126 3	1.943 6
2.8	蒸煮溶解的有机物	t/ADMT	1.127 0	0.962 1
2.9	氧漂浆损失率(相对蒸煮木片)	%	1.410 0	1.262 5
2.10	氧漂中溶解的有机物	t/ADMT	0.030 0	0.024 5
2.11	洗浆黑液提取率	%	98.00	98.00
2.12	送蒸发黑液有机物	t/ADMT	1.133 8	0.966 9
3.1	碱液浓度	%	21.000 0	21.000 0
3.2	碱耗(以有效碱 NaOH 计)	kg/ADMT	0.446 5	0.408 2
3.3	白液中的有效碱	g/L	115.161	115.161
3.4	白液用量	m³/ADMT	3.877 4	3.544 3
4.1	木片中的水分	m³/ADMT	1.417 6	1.295 7
4.2	白液	m³/ADMT	3.877 4	3.544 3
4.3	黑液	m³/ADMT	2.147 2	1.962 7
4.4	蒸煮总药液量	m³/ADMT	7.442 2	6.802 7
4.5	洗浆中的稀释液	m³/ADMT	2.000 0	2.000 0
4.6	密封用水	m³/ADMT	0.500 0	0.500 0
4.7	泄漏及其他	m³/ADMT	0.700 0	0.700 0
4.8	到蒸发工段黑液总量	m³/ADMT	10.642 2	10.002 7
5.1	白液中的化学药品	t/m³	0.160 5	0.160 5
5.2	白液体积	m³/ADMT	3.877 4	3.544 3
5.3	回收白液化学药品	t/ADMT	0.622 2	0.568 7
5.4	回收氧漂化学药品	t/ADMT	0.025 0	0.025 0
5.5	回收无机物总量	t/ADMT	0.647 2	0.593 7
5.6	洗浆黑液提取率	%	98.000 0	98.000 0
5.7	送蒸发黑液无机物	t/ADMT	0.634 2	0.581 8

续表

序号	项目	单位	全马尾松	全桉木
6.1	蒸发工段皂化物带走有机物	t/ADMT	0.020 0	0.000 0
6.2	回收黑液有机物	t/ADMT	1.113 8	0.966 9
6.3	回收黑液无机物	t/ADMT	0.634 2	0.581 8
6.4	回收黑液总固形物	t/ADMT	1.748 0	1.548 7
7.1	苛化及石灰回收损失需补芒硝	t/ADMT	0.005 0	0.005 0
7.2	回碱炉燃烧的碱灰	t/ADMT	0.028 5	0.025 2
7.3	入炉固形物量	t/ADMT	1.781 5	1.579 0
8.1	燃烧工段碱炉需具有处理能力	t 固形物/d	2 098.99	1 860.36

②静电除尘器及引风机。

烟气排量：

$$V = 1.1 \times B_p \times V_r = 1.1 \times \frac{2\,200 \times 1\,000}{24 \times 3\,600} \times 3.2 = 89.63 (\text{Nm}^3/\text{s})$$

按采用 3 台每台 3 电场静电除尘器，每台处理能力为总烟气排量的 50%，则每台静电除尘器需处理烟气量为 $89.63/2 = 44.82(\text{Nm}^3/\text{s})$，选用 3 台处理能力为 59.8 Nm^3/s 的静电除尘器可满足生产的要求。

相应引风机的单台能力为 59.6 Nm^3/s，共设 3 台。

3. 苛化工段、石灰回收工段

(1)绿液的澄清采用沉降式单层澄清器，采用此设备投资及运行费用较少，操作简单，澄清度可小于 80 ppm。

苛化白液的澄清采用 CD 压力式圆盘过滤机，其产出的白液可以满足浊度≤20 ppm 的要求。该设备在国内已经有多家制浆厂引进使用，工艺技术及操作经验比较成熟，具有能力大、占地面积较小、生产稳定、白液质量较好的优点。因此，本项目推荐采用 CD 压力式圆盘过滤机过滤澄清白液，以保证白液的质量。

(2)回收石灰与外购石灰比较。从环保及保证石灰质量方面考虑，本项目配套石灰回收。

通过初步比较，一般回收石灰的综合价格与外购石灰基本持平，回收石灰的费用主要是燃料(重油)费用，占生产费用的四分之三，通过采用节能的石灰窑及加强管理可以控制。

苛化及石灰回收生产能力计算如表 2.16 所示。

表 2.16 苛化及石灰回收生产能力计算

序号	项目	单位	马尾松	桉木	备注
1	吨浆耗木片量(进蒸煮)	t/ADMT	2.093 0	1.875 0	
2	碱耗(以有效碱 NaOH 计)	%	21.000 0	21.000 0	
3	碱耗(以有效碱 NaOH 计)	kg/ADMT	0.439 5	0.393 8	
4	白液主要成分				$NaOH$、Na_2S、Na_2CO_3、Na_2SO_4
	活性碱(以 Na_2O 计)	g/L		105.000 0	AA= $NaOH+Na_2S$(给定值)
	活性碱(以 NaOH 计)	g/L		135.483 9	AA= $NaOH+Na_2S$
	有效碱(以 NaOH 计)	g/L		115.161 3	EA= $NaOH+0.5Na_2S$
	硫化度(Sulf)	%		30	Sulf = $Na_2S/(NaOH+Na_2S)$
	还原率(RD)	%		95	RD = $Na_2S/(Na_2S+Na_2SO_4)$
	苛化率(CD)	%		85	CD = $NaOH/(NaOH+Na_2CO_3)$
5	计算得白液组成		以 NaOH 计	以原单位计	
	——NaOH	g/L	94.838 7	94.838 7	
	——Na_2S	g/L	40.645 2	39.629 0	
	——Na_2CO_3	g/L	16.736 2	22.175 5	
	——Na_2SO_4	g/L	2.139 2	3.797 1	
	总质量	g/L		160.440 3	0.160 43 t/m³
6	白液量	m³/ADMT	3.816 7	3.419 1	
	白液量	m³/d	4 361.941 8	3 907.572 9	
7	日回收 NaOH 量	t/ADMT	0.362 0	0.324 3	
	日回收 NaOH 量	t/d	413.680 9	370.589 2	
8	石灰的理论用量	t/d	289.576 7	259.412 4	$CaO + H_2O + Na_2CO_3 = 2NaOH + CaCO_3\downarrow$
	投入过剩石灰量	t/d	14.478 8	12.970 6	5%
	石灰总用量	t/d	304.055 5	272.383 0	
	回收石灰纯度	%	85.000 0	85.000 0	回收石灰纯度按85%计
	石灰总投入量	t/d	357.712 3	320.450 6	
	石灰产量	t/d	375.598 0	336.473 2	5%的储存损失
	石灰砂砾量	t/d	1.788 6	1.602 3	0.50%

续表

序号	项目	单位	马尾松	栲木	备注
9	白泥产量(绝干)	t/d	507.667 1	454.785 1	$Ca(OH)_2 + Na_2CO_3 = CaCO_3 \downarrow + 2NaOH$
	白泥产量(绝干)	t/ADMT	0.444 2	0.397 9	
	白泥量(75%干度)	t/d	676.889 5	606.380 2	

石灰质量：回收石灰有效 CaO 含量大于 80%，而且质地疏松、均匀，易消化，石灰渣小。

对环境的影响：回收石灰后，浆厂废渣排出量减少约 1 000 t/d(含水 25%)，为浆厂废渣总量的 80%左右。

减少碱的流失：碱流失减少约 0.5%，每年可多回收碱 1 840 t，带来经济效益 380 万元。

回收石灰增加投资约 7 500 万元，但石灰质量好，可用于生产系统。由于碱流失少，在厂内消除了二次污染源，且免除了大量白泥及石灰运输、堆存及环境保护的费用。

(3)苛化及石灰回收生产能力计算。苛化生产线日生产 5 200 m³ 合格白液，石灰回收工段日生产 400 t 石灰，已经满足了工程的生产需要。

4. 塔尔油系统

为了减少运输量、二次污染以及保证安全生产，拟设塔尔油系统处理皂化物，生产粗塔尔油。塔尔油设备拟全套引进国外设备。

5. 重油库

由于工厂厂址所在地运输方便，重油用量大，同时从减少储存能耗及生产安全方面考虑，重油库考虑储存量为 2 个月。总储存量为 $0.15 \times 400 \times 60 = 3\ 600(t)$，$3\ 600/0.976 = 3\ 689(m^3)$，选用 3 个 $\phi 12\ 000 \times 12\ 000$ 的储油槽，每个有效储存面容积为 1 250 m³，总储存容积为 3 750 m³，可以满足生产的要求。

2.5 企业物流管理方式研究

2.5.1 企业物流管理的内涵

从物流活动的规模上，物流可分为宏观物流(社会物流)和微观物流(企业物流)两大类。宏观物流(社会物流)是指社会再生产总体的物流活动,是从社会再生产总体角度认识和研究物流活动。它研究的是物质流转的全过程,主要是对物质从原材料供应开始,经过流通运到消费者手中的整个循环过程的系统研究。这种物流活动的参与者包括构成社会总体的大产业、大集团。它从总体而不是从物流的某一个构成环节来看物流。其研究内容包括物流总体构成、物流与社会的关系及在社会中的地位、物流与经济发展的关系、社会物流系统和国际物流系统的建立及运作等。

微观物流(企业物流)是指一个企业内部的物流,是企业所从事的具体的、实际的物流活动,是更贴近具体企业的物流。企业内部物流又可分为四部分:供应物流,生产物流,销售物流和回收、废弃物流。其中,生产物流是与企业联系最紧密的,是最不容易进行"外包"的,并且它里面蕴藏的利润源是比较容易被忽视的。企业物流与社会物流的界限正在融合。企业物流系统必须通过电子信息、数字网络技术与供应链管理、客户资源管理、配送服务管理、电子商务接轨。数字网络技术拉近了时空,打破了企业物流与社会物流的界限。企业物流在向外延伸,社会物流在向企业内部渗透[80]。

生产企业内部同样存在物流、资金流和信息流优化问题,企业内部生产制造供应链通过前馈的信息流(下游向上游)以及反馈的物料流和信息流(上游向下游)来执行生产过程,经过生产资料的采购、仓储、原料的加工、生产和成品销售等过程,与过程相应的参与者(供应部门、生产部门、仓储部门、销售部门和最终消费者)形成一体化的和功能化的单链模式。对于链中的成员来说,管理是按照"订单的需求"进行经营管理的。

企业生产流程实际基本线路结构模型如图2.4所示。

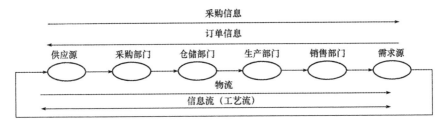

图 2.4 企业生产流程实际基本线路结构模型

防止浪费是企业物流改善的主要内容,企业生产特别强调"彻底地防止浪费(the absolute elimination of waste)""彻底地找出浪费"。在企业物流生产方式里,浪费被定义为"不能提高附加价值的各种现象或者结果",并定义了七种浪费:①生产过剩的浪费;②生产次品的浪费;③停工待料的浪费;④厂内运输的浪费;

⑤加工时的浪费；⑥库存的浪费；⑦动作的浪费。

笔者通过对该企业的作业现场调查发现，其物料流（本书主要研究木料和浆包）存在严重的浪费。不必要的搬运、毫无头绪的寻找等现象时常发生，关于这些问题，本书后面的章节会重点研究解决。

2.5.2 用看板方式实现车间生产

供应链生产方式的本质是"通过（下游向上游方向的需供方的信息流动）前馈的信息流方向以及反馈的物料流和信息流（下游向上游方向的需供方的信息流动），将企业各个部门连成一个整体的链条，使供应链运作成本最低、整体利益最大化"。其结果就是，物料都按必要量适时地进行流动，没有停工待料、生产过剩等浪费现象。与通过大量生产和提高速度获得的生产效率相比，通过实行"一个流"生产的生产体系更能够提高生产效率。为使生产供应链成本最低，拉动式生产是一个非常聪明的方法。拉动式生产中所实行的后道工序从前道工序拿取部件的时机必须非常恰当，这一点远远优于推动式生产。

利用拉动式生产的优点进行管理并实现企业高效生产的工具就是看板。看板的最大功用就是进行生产和搬运指示。实行看板方式使信息流和物料流保持一致。林-浆-纸企业每月都要制订月度生产计划，并下达给浆板车间，其他各车间通过拉动式生产的方式，通过看板从前道工序拿取，因而也就不存在按照当初计划进行生产的情况。每天生产计划的微量调整都通过看板数量的变化来实现。

除此之外，看板的作用还有实物信息标签功能，可以提供实物的名称、编号、数量等信息；控制生产浪费功能，由于看板经常和需要的物料一起流动，因此看板就成为必要作业的证明书；目视化管理功能，可以通过看板的运动，直接看出生产节拍的快慢、生产状况的正常和异常，这种方法就是"目视化管理"。因为具有以上功能，所以看板具有生产改善作用。

根据不同用途，看板分为进行生产指示的"生产指示看板"和用作后道工序从前道工序领取物料时进行指示的"领取看板"两大类。生产指示看板又分为通常在制浆车间使用的"工序内看板"和在浆板车间使用的"信号看板"。

该林-浆-纸企业看板管理主要使用的介质仍为纸质或黑板，这是企业管理的一个短板。而本书则要研制电子看板并使看板的分类有所增加，如仓储监控电子看板，既不描述生产指示也不同于"领取看板"，它具有物资在库或出/入库的动态目视化管理作用，称为监控看板。

通常的生产管理方式——"押入方式"是通过向所有工序提出各种各样的生产计划来推动生产进行的，即不仅向浆板车间下发生产计划，而且要对其他车间也提供同样的计划。这种方式难以迅速应对需求变化或生产故障的情况。在这种情况下,企业只有同时变更各工序的生产计划,而这样频繁地变更计划是很困难的。其结果是,各工序间的库存量常常出现不平衡,在进行产品更新换代时,经常发生持有不良库存和过剩设备、过剩劳动力的情况。

2.6 林-浆-纸企业生产物流的经济效益分析

林-浆-纸企业生产物流通过有效的集成,可以优化配置资源,达到快速响应生产需求的目的。由于该林-浆-纸企业各车间工段通常采取绩效考核的方式,而从需求源到供应源的方向,企业生产流程各节点的利益分配优势一般呈现递减的趋势,因此在企业内部,实现各节点自身收益的增加是实现生产物流管理方式改良的最强大动力。

从价值视角看,企业内部生产物流就是一条价值增加链,并且只有当生产的产品销售给客户后,才能实现产品的价值。

2.6.1 生产物流供应链的增加值链

设企业生产物流供应链由 $C_1 \rightarrow C_2 \rightarrow C_3 \rightarrow \cdots \rightarrow C_{n-1} \rightarrow C_n$ 共 n 个车间工段组成,其增加值链如图 2.5 所示。

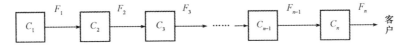

图 2.5 企业生产物流供应链的增加值链

由图 2.5 可知:

$$F = F_1 + F_2 + F_3 + \cdots + F_{n-1} + F_n = \sum_{i=1}^{n} F_i \quad (2.1)$$

式中 F——生产物流价值的增加,如浆包,从原木(木片)开始,经过备木工段、制浆车间、碱回收车间、浆板车间,最后销售给客户。在这个过程中,生产物流各节点使原木价值增加的总和,就是生产物流供应链价值的增加值;

F_i——某个车间(工段)节点价值的增加,如原木经过切片以后变成制浆需用的木片时使原木价值增加的部分;

n——车间(工段)节点个数。

2.6.2 生产物流供应链的成本链

设企业生产物流中第 i 个车间节点的单位产品的成本为 w_i，则生产物流供应链的成本链如图 2.6 所示。

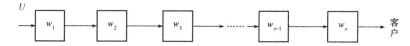

图 2.6　企业生产物流供应链的成本链

由图 2.6 可知：

$$w = U + w_1 + w_2 + w_3 + \cdots + w_n$$
$$= U + \sum_{i=1}^{n} w_i \tag{2.2}$$

式中　w——生产物流单位产品的总成本，如浆包，从原木（木片）采购开始，经过备木工段、制浆车间、碱回收车间、浆板车间，最后销售给客户。在这个过程中，生产物流在各节点成本的总和；

　　　w_i——第 i 个车间（工段）单位产品的成本，如原木经过切片以后变成制浆需用的木片时所需要的成本；

　　　U——浆包的单位产品原材料价格；

　　　n——车间（工段）节点个数。

2.6.3 生产物流供应链的利润链

企业生产物流供应链的利润链如图 2.7 所示。设第 i 个车间（工段）单位产品的成本为 w_i，第 i 个车间（工段）的绩效考核价格为 S_i（绩效考核价格由企业根据成品销售价格来确定），第 i 个车间（工段）的单位产品利润为 u_i，则根据图 2.7 可推导出生产物流的单位产品利润 u 的计算公式。

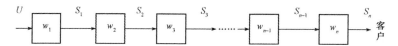

图 2.7　企业生产物流供应链的利润链

因为 $u_1 = S_1 - (U + w_1)$
$u_2 = S_2 - (S_1 + w_2)$
$u_3 = S_3 - (S_2 + w_3)$
……

$$u_n = S_n - (S_{n-1} + w_n)$$

又因为 $u = u_1 + u_2 + \cdots + u_n$

$$= \sum_{i=1}^{n} u_i$$

所以 $u = [S_1 - (U + w_1)] + [S_2 - (S_1 + w_2)] + [S_3 - (S_2 + w_3)] + \cdots + [S_n - (S_{n-1} + w_n)]$

$$= S_n - U - w_1 - w_2 - \cdots - w_n$$

$$= S_n - \left(U + \sum_{i=1}^{n} w_i\right) \tag{2.3}$$

式中 u——生产物流单位产品的利润,如浆包,从原木(木片)加工开始到最终销售给客户,生产物流各车间(工段)获得的利润总和;

u_i——第 i 个车间(工段)单位产品的利润,如原木经过切片以后变成制浆需用的木片后产生的利润;

S_i——第 i 个车间(工段)产品的价格(由企业根据成品销售价格来确定);

S_n——浆包的销售价格;

U——浆包的单位产品原材料价格。

企业总是在追求平均成本最小化和利润最大化,因此企业是否选择生产物流系统改良取决于改良后企业的利润 u 与不改良前企业的利润 u_0 的差值。如果差值大于 0,则表示改良是可行的;如果差值等于 0,则表示可以改良,也可以不改良;如果差值小于 0,则表示改良没有意义。由于本书没有对财务数据进行持续的跟踪,故并没有给出一个具体的数值,但经初步估算,改良是很有意义的。

第 3 章　林-浆-纸企业生产物流智能配送策略及应用研究

该林-浆-纸企业年产 40 万 t 漂白硫酸盐木浆项目年需木材的 50% 为原木（折112.3 万立方米，含树皮），50% 为商品木片（折 278 万立方米）。原木运输 50% 为火车运输进场，50% 为汽车运输进场。木片运输 20% 为火车运输进场，80% 为汽车运输进场。原料堆场根据原材料的组织方式和当地的运输状况需设置一定的储量，以满足连续生产的需要。如果按存储量 2～3 个月设置，厂内原料堆场存储量原木约为 40 d（按 50% 计），木片约为 14 d（按 100% 计）。原木存储量不足部分在原料林基地、各乡镇林业站收购点设中间料场。根据制浆车间日产 1 145 t 风干漂白浆的要求，每日需提供蒸煮工段备料处理后的木片约 2 390 t（以马尾松计，水分 40%）。

为满足以上需求，势必对仓储管理及装载机调度提出更高的要求。笔者在企业现场调查发现，车间生产物流配送过程中存在大量的"搬运""查找"等生产作业浪费。此外，仓储管理手段落后、货物堆垛混乱，现有信息系统的数据和仓库实际情况常常有较大偏差，管理困难。本章即研究这些问题的解决方案。

3.1　仓储管理策略研究及应用

3.1.1　仓库管理及生产物流现状

该林-浆-纸企业的原木（木片）仓库属于一个大型场地。原木运输到厂经电子秤计量、检验后，用装载机卸到储木场堆垛或送到喂料台直接供生产使用。原木仓库要求原木堆垛不能太高，堆高一般不超过 4 m，且采用平列法堆垛。生产线在原料堆场的尽头，方便装载机搬运原木（木片）。原料堆场的另一头是运输原木（木片）的卡车通道，用于原料的入库。

调查发现，原料堆场仓库管理存在如下问题：

(1)轮式装载机操作工随意作业，原料堆放混乱。无论是原木（木片）入库还是出库，均由轮式装载机操作工随意决定其存放位置，看到哪里有空位置、哪里操作方便就存放到哪里。其结果往往是不能很好地利用仓库的存储空间，如把针叶木放到阔叶木上面，或者因人眼判断错误而造成作业浪费。再者，轮式装载机操作工因地面走道受堆垛的影响，其目标搜寻视野受到限制。轮式装载机操作工寻找原料存放位置（货位）的过程是一个"寻找"过程，这其实是一种极大的浪费。

(2) 现有信息系统不能很好地管理原料仓库，系统数据常常与现场实际状况不一致。现在的管理办法是，轮式装载机操作工随意放置原木（木片）后，将原料存放的位置记录在纸上，定期交给仓库管理员，仓库管理员再定期将原木（木片）位置信息录入系统。这种手工记录、人工纸质传递信息、手工录入系统的方法，带来了诸多问题，具体如下：

① 管理效率低，系统信息更新缓慢。

② 数据错误率高，信息在层层传递中通常存在失真的现象，因而时常出现如下现象：一个位置同时放了两个批次以上的原木或木片；不同品种的木片混杂在一起，对工艺造成很大影响；有时原料发生位置移动，却没有通知系统进行更新。

③ 操作不方便，手工操作过多，费时费力。

④ 没有自动化功能，系统被动接收信息，不能主动指示轮式装载机操作工把货物放到相应的货位上。

(3) 出库时，寻找原料困难。由于系统数据和现实数据不能对应，因此常常出现轮式装载机操作工在系统指定的位置找不到原材料。无奈之下，操作工只能在偌大一个仓库堆场里凭肉眼寻找，非常困难。

(4) 生产线之间搬运木片，造成很大浪费。由于轮式装载机只能在一条生产线内运动，两条生产线之间没有轮式装载机运动的通道，因此两个车间之间需要搬运木片时，两个车间的轮式装载机操作工要口头协商，一方将加工好的木片移动到卡车通道的小车上，另一方再开动小车移动到自己的生产线旁，最后用轮式装载机将木片从小车上卸到木片螺旋输送机下料口。此作业过程需要几个轮式装载机工一起协调作业，很耗费时间，需要 0.5~2 h。这种零散放置的原料大量存在的原因是现有系统不能根据生产线自动领料。

(5) 对于原料堆场的位置规划不合理。有些原木（木片）的供应量特别大，而仓库规划上没有对其进行特殊处理，导致此类原料在存放中产生仓库资源浪费。

(6) 倒料作业发生次数多，带来浪费。所谓倒料，是指备料车间处理出来的木片在制浆车间用不上，需要先搬运到仓库中进行存放。这种作业不产生价值，实际上是一种浪费。如何减少这种倒料作业是一项研究课题。

(7) 仓库置场看板更新缓慢，费时费力，且不准确。其仓库内设有置场看板，用来显示每个货位上有没有存放原木（木片）。置场看板定期由人工进行维护，每更新一次看板大概需要 1 h，由于是手工操作，工作量大，准确率低，更新滞后，显示的信息与现实不一致。

(8)存在库存过剩的现象。

成品浆包仓库管理除存在原料堆场仓库的一系列问题之外,还有如下特点:浆包生产量大,流水号多,各批次、品种的浆包混杂在一起,没有相应的标识,导致无法进行质量跟踪和物流跟踪,成本核算更是无从谈起。各种产品规格的浆包(小包 250 kg 或 333 kg;大包 2 000 kg)堆叠在一起,给出库拣货带来相当大的困难。

在第五次国际物流会议上,美国产业界人士明确指出,当前美国全部生产过程中只有5%的时间用于加工制造,95%的时间则用于搬运、储存等物流过程[67]。在这种情况下,企业将主要力量花在降低生产成本上是不得要领的,明智而有效的方法是改善物流。

以降低物流成本、减少资金占用、缩短生产周期为主要目标的物流合理化被称为企业的"第三利润源泉"[68],它被放到企业发展的战略高度来加以研究和实施。而生产物流智能配送作为物流系统的一个枢纽和核心,是物流系统实现物流合理化的关键所在,在企业内部管理优化中有着重要的作用。

目前自动化仓库系统主要有两大应用领域:一是各种自动化生产线中的在线立体仓库系统;二是各种物资配送中心。当前学术界对于控制堆垛机和装载机实现自动化仓库[67]的研究比较多。本书与之不同的是:

(1)要控制轮式装载机进行原材料的存取作业,出于安全考虑,轮式装载机须由操作工进行操作,因此系统需要实时发布作业指示给轮式装载机操作工。

(2)本书所研究的物料堆放,受浆块品种对木片种类的制约。

上述问题的解决,除了需要对生产管理方法进行改进之外,还需要相应的技术基础,如融合计算机技术、网络技术、制浆专业知识、仓库管理自动化技术,以实现一种制浆企业加工车间物流智能配送系统。这种系统能够对外来物料进行自动分拣,能够自动计算原料、成品的最理想货位,能够自动给出作业指示和物流指示。

3.1.2 系统目标及解决方案

1. 系统目标

系统的核心是生产作业调度和货品货位计算,其具体目标如下:

(1)以必要的数量在必要时生产必要的浆包,以必要的数量在必要时从前工序领取必要的木料,以必要的数量在必要时运送必要的木料到必要的位置。

(2)对原料堆场进行重新规划,消除硬件设置不合理造成的浪费。

(3)对浆包进行自动分拣,并自动计算浆包的最理想货位。

(4)对现有业务流程进行优化和重组,实现生产物流自动化管理。如实现自动化作业调度,保证作业的合理化、可流通性,特别是可执行作业的唯一化,即操作工仅能执行第一条作业,不能执行其他作业,这就要保证作业调度的准确性、全面性。

(5)控制库存,减少库存浪费,计算安全在库库存,给出原木(木片)供应方案。

(6)实现可视化管理功能。即企业管理人员能够时刻看到当前正在执行的装载机作业,能够时刻看到仓库里货品堆放的情况。

(7)实现生产监控功能。管理员在办公室就能看到当前时刻各车间的生产进度。

(8)满足如下供应链生产的要求:作业者不判断,一看指示就知道该干什么;作业者不寻找,即作业者不需要到处搜索物品,系统自动给出正确的物品位置。去掉作业者手工输入的操作,防止因操作失误带来的一系列问题。

(9)实现智能自动化。在异常情况发生时,如网络通信中断,系统能自动停机报警。要做到计算机能做的作业不用人来做;同时要保证,在发生货位计算失败、工人没有按指示进行作业等异常情况时,系统能自动停机报警。

(10)具有灵活性。为避免业务卡死,允许管理员修正系统的计算结果。

(11)操作简单方便,作业求解速度快;运行稳定可靠,具有很强的扩展性。

2. 系统解决方案

该企业现有一套C/S结构用于生产管理的信息系统。由于C/S结构本身的局限性,它要求每个客户端都需要打开并保持与一个数据库的连接。因此,对于林-浆-纸企业复杂的货位计算及作业调度来讲,采用此种C/S结构是不符合实际应用需求的,C/S结构不但求解速度慢,而且升级维护非常不方便(由于业务逻辑存储在客户端,系统升级时需要对每个客户端进行重新升级)。因此,本书采用基于B/S的系统架构,其对用户要求低,服务呈网络状,任何计算机只要联网就可以使用系统提供的服务。

(1)选用J2EE作为系统研发平台。目前,Java 2平台有3个版本,它们是适用于小型设备和智能卡的Java 2平台Micro版(Java 2 Platform Micro Edition,J2-ME)、适用于桌面系统的Java 2平台标准版(Java 2 Platform Standard Edition,J2-SE)、适用于创建服务器应用程序和服务的Java 2平台企业版(Java 2 Platform Enterprise Edition,J2EE)。

J2EE是一种利用Java 2平台来简化企业解决方案的开发、部署和管理相关复杂问题的体系结构。J2EE技术的基础是Java平台或Java 2平台的标准版。J2EE不仅巩固了标准版中的许多优点,如"编写一次、随处运行"的特性,方便存取数据库的JDBC API、CORBA技术以及能够在互联网应用中保护数据的安全模式等,同时还提供了对EJB(Enterprise Java Beans)、Java Servlet API、JSP(Java Server

Pages)以及 XML 技术的全面支持。其最终目的就是成为一个能够使企业开发者大幅缩短投放市场时间的体系结构[81]。

J2EE 体系结构提供中间层集成框架来满足无须太多费用而又需要高可用性、高可靠性以及可扩展性的应用的需求。通过提供统一的开发平台,J2EE 降低了开发多层应用的费用和复杂性,同时提供对现有应用程序集成的强有力支持,完全支持 Enterprise Java Beans,有良好的向导支持打包和部署应用,添加目录支持,增强了安全机制,提高了性能。

(2)选用 Linux 作为服务器操作系统。为了保证服务器的安全性和稳定性,并增强抗病毒能力,拟选用 Linux 操作系统。从性能上看,许多独立机构针对 Linux 和 Windows NT、Linux 和其他流行的操作系统做了大量的评测。测试结果表明,Linux 不但在单处理器上优越于 Windows NT,而且在 Windows NT 自认为其多线程结构扩展性更强的多处理器系统中也优越于 Windows NT。此外,测试表明,Linux 优于基于 SPARC 硬件平台的 Solaris,虽然仅仅是在单处理器的机器上。从安全性上看,Linux 是一套免费和自由传播的类 Unix 操作系统,是目前最先开放源码的项目之一,这保证了任何的系统漏洞都能及时被发现和改正。Linux 所共享的 Unix 设计体系是经过长期实践考验的,Linux 吸取了 Unix 系统 20 多年发展的经验。Linux 操作系统体现了最先进操作系统的设计理念和最经得住时间考验的设计方案。Linux 的稳定性是由于它不像其他操作系统那样内核庞大、漏洞无穷。[72]

在 Linux 上运行 J2EE 服务程序,在客户端选用易于安装、人机界面更加友好的 Windows 操作系统成为最佳组合配置。

(3)开发无线电子看板作为作业指示载体。当初,厂方管理人员建议采用纸质看板方式进行生产物流作业信息的传递,并对电子系统的可靠性表示怀疑,经过多次协商和外出考察,电子看板方式最终被企业方接纳。这是因为生产作业指示需要频繁更改,如果仍采用纸质的方式进行管理,信息传递滞后、错误等问题就很难得到彻底根除。

由于作业指示要发给操作工,而操作工是随着装载机或叉车运动的,有线网络通信方案不适用此种作业方式,因此无线局域网通信方式是最好的方法。具体做法是在企业内部架设无线局域网,使其信号频段、信号发射功率满足国家标准。

3.1.3 自动化仓库参数选择及基本要求

针对企业现场的物理特点,对企业仓储系统引入自动化仓库进行仓储管理。

自动化仓库的能力指标包括机器的处理时间、响应时间、人的作业时间和运转方法等。

1. 自动化仓库的最佳参数选择

确定自动化仓库的最佳高度是极其重要的,因为高度直接影响占地面积、长度、宽度、起重运输机械的装卸效率及其他技术经济指标的选择。而影响货架高度选择的因素是货物吞吐量和货物周转率(储存期),以及订货发送时的配套方式,此方式取决于每一批货物的品种数量和单位数量。部分德国专家认为,货架的最佳高度是 20~21 m,也有部分德国专家认为 15~20 m 最适宜。美国克拉克(Clarc)公司认为,货架高度在 20 m 左右的单位费用最低[69]。

最新的研究结果表明,折算费用随货架高度 H 的变化情况如表 3.1 所示。

表 3.1 折算费用随货架高度 H 的变化情况

H/m	6	8.4	10.8	12.6	14.4	16.2
折算费用/%	100	96	92	73	64	58

许多国家的研究成果表明,自动化仓库的最佳高度取决于容量:当容量为 1 000~4 000 t 时,高度为 12.6 m;当容量为 6 000 t 或以上时,高度为 16.2 m。各国关于货架最佳高度的意见是一致的,即 15~20 m。

自动化仓库的最佳长度 L 以 80~120 m 为宜。货架的最大长度取决于一台装载机(堆垛机)在一条通道中所服务的货位数目。为保持均衡,使装载机(堆垛机)的托架垂直和水平移动平稳,推荐采用下列货架高度和长度比值:

$$\frac{H}{L} = \frac{1}{6} \sim \frac{1}{4} \tag{3.1}$$

货架最佳长度和高度与一台堆垛机按配套方式提取货物数量和储存期(昼夜)的依赖关系如图 3.1 所示。图 3.1(b)所示为货架的折算费用、高度、长度与货物储存期的依赖关系曲线。对这些曲线图的分析表明,上述种种因素对货架参数有很大的影响。其中,当一批货物的储存期和单位货物容量增加时,货架的最佳高度和长度也随之增加。由曲线图可知,当储存期 $t=4\sim5$ 昼夜时,H 的变动范围为 5~6 m;当 $t=80\sim90$ 昼夜时,H 为 20 m。在确定储存区货架参数时,折算费用是衡量最佳水平的客观根据。

2. 自动化仓库基本要求

(1)装卸的基本数值。装卸工作依靠人力来提高效率是有限的,物流装卸作业必须实现机械化和自动化。

自动化仓库的物流机械的基本速度如表 3.2 所示。机械的工作速度可以调整,但必须根据装载单元与相关机械的统一性来确定。

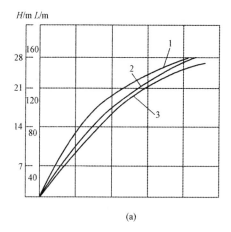

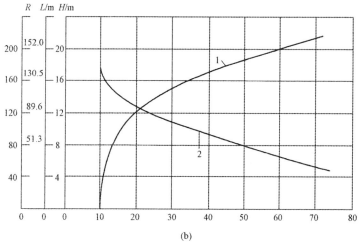

图 3.1 货架最佳关系曲线

(a)货架的高度、长度与配套方式的关系曲线

1—两种货物单位；2—三种货物单位；3—四种货物单位

(b)货架的折算费用、高度、长度与货物储存期的依赖关系曲线

1—货架最佳长度、高度与备品水平的关系曲线；2—折算费用 R 与备品水平的关系曲线

表 3.2 物流机械的基本速度

机械名	速度/(m·min^{-1})	备注
装载机(堆垛机)	行走 50～125 升降 5～30 货叉 15～20	表示高速情况
辊子输送机	10～20 20～50	装载单元 单装

装载单元在自动化立体仓库内部的流动线路如图3.2所示,分为U形、I形、L形和双U形。库内物流线路类型是根据现场条件、生产工厂、已有设备和生产纲领来确定的,要求物流距离最短、效率最高。同时,路线设计要考虑装载单元的搬运和管理体制两个要素。

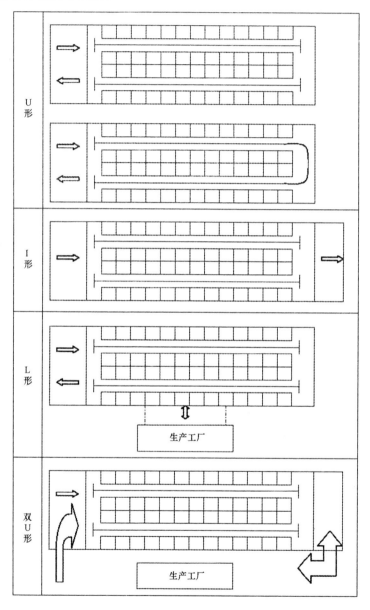

图3.2 库内物流线路

(2)周期。在选择自动化仓库的功能时,应考虑货物出/入库周期。货物出/入库周期是选择自动化仓库的基本单元,表示装载机(堆垛机)存取货时间的长短,即效率高低。

装载机(堆垛机)周期如图3.3所示,根据装载机(堆垛机)动作路线分类来选择规格型号。把整个系统作为研究对象,在规划时进行概算。装载机(堆垛机)存取货物周期概算法如下:

①计算位于自动化仓库的平均位置的托盘单循环时间。
②计算位于自动化仓库的1/2高度和1/2长度位置的托盘单循环时间。
③在自动化仓库运转初期,把1/2作为1/3来计算。

表3.3所示为计算机计算的循环时间。

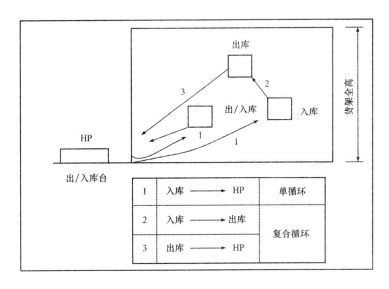

图3.3 装载机(堆垛机)周期

表3.3中自动化仓库的货架基本数据是柱距为1.35 m,货架高度为6.8 m,其中最底层为0.6 m,各层的高度为1.1 m,最高一层为1.8 m。一旦确定了装载机(堆垛机)工作循环时间之后,按照自动化仓库的设计原则便可计算出它的基本出/入库能力。计算公式如下:

$$\eta = 3\,600/T_0 (个/h) \tag{3.2}$$

式中 η——每小时托盘的出/入库数量(个);

T_0——基本运动时间(周期)(s)。

根据式(3.2)就能算出自动化仓库的货物的每小时出/入库数量。

即自动化仓库每小时的出/入库能力为20个装载单元。根据一台运输车的装载能力除可计算出每小时需要的运输车外,还可计算出装载机(堆垛机)的台数。

表 3.3 计算机计算的循环时间　　　　　　　　　　　　　　s

行号	1层	2层	3层	4层	5层
1	81	81	91	105	118
2	65	78	91	105	118
3	65	78	91	105	118
4	65	78	91	105	118
5	65	78	91	105	118
6	65	78	91	105	118
7	65	78	91	105	118
8	65	78	91	105	118
9	65	78	91	105	118
10	66	78	91	105	118
11	68	78	91	105	118
12	70	78	91	105	118
13	72	78	91	105	118
14	74	78	91	105	118
15	76	78	91	105	118

基本参数：15 行×5 层；M_x＝1 100 mm；M_y＝1 100 mm；行走速度：8～80 m/min；升降速度：5～10 m/min；货叉速度：8～80 m/min。平均循环时间：92 s。

注：上述数值与实测数值略有差异。

3.1.4 仓库管理策略

自动化仓库的高效率是建立在高效的货位管理基础之上的[70]。对自动化仓库的货位进行管理，就是要合理地分配和使用货位：既考虑如何提高货位的利用率，又要保证出库效率。良好的存储策略可以减少出/入库移动的距离，缩短作业时间，并且能够充分利用储存空间。常见的存储策略有定位存储、随机存储、分类存储、分类随机存储、共享存储和分类定位机动共享存储等。

1. 定位存储

定位存储是指货品的货位(储位)按货品的周转率或出库频率来安排，每一货品都对应一个固定货位，货品不能互用货位。必须规划每一种货品的货位容量，使其不小于其可能的最大在库量。定位存储的优点是能缩短出/入库作业时机器的运行距离；还可针对各种货品的特性做货位的安排调整，将不同货品的相互干扰减至最小[82]。定位存储的缺点是货位数量必须按各种货品的最大在库量设计,这会降低仓库空间平均使用率。总的来说,定位存储容易管理,所需的总搬运时间较少,但需较多的储存空间。因此,此策略较适用于如下情况:

(1)厂房空间大。

(2)多品种、少批量的商品储存。

2. 随机存储

随机存储是指任何物品可以被随机存放在仓库中任何可放的位置;通常按货品入库的先后顺序存放于靠近出入口的货位。随机存储的优点是由于货位可共享,因此只需按所有库存货品最大在库量设计即可,仓库空间的使用效率较高。随机存储的缺点是进行货品的出/入库管理和盘点管理较为困难;周转率高的货品可能被存放在离出入口较远的位置,使货品出/入库效率下降;具有相互腐蚀特性的货品可能因相邻存放而造成货品损坏或发生危险。

随机存储能使仓库空间得到最有效的利用,因此货位数目得以减少;计算机仿真结果表明,随机存储与定位存储比较,可节省35%的储存时间[70],但不利于货品的拣取作业。因此,随机存储较适用于如下情况:

(1)仓库空间有限,需尽量利用储存空间。

(2)种类少或体积较大的货品。

3. 分类存储

分类存储是指所有的货品按照一定特性加以分类,如按产品相关性、流动性、产品尺寸、质量等,每一类货品都被指派于固定存放的位置,而同属一类的不同货品又按一定的规则来分配货位。分类存储的优点是有利于畅销品的存取,具有定位存储的优点,但比定位存储灵活。其缺点是货位必须按各项货品最大在库量设计,降低了仓库空间平均使用率。因此,分类存储较适用于如下情况:

(1)货品相关性大,经常被批量订购。

(2)货品周转率差别较大。

(3)货品尺寸相差较大[83]。

4. 分类随机存储

分类随机存储是指按一定特性对货品进行分类,每一类货品有指定存放位置,但在同属一类的储区内,每个货位的分配是随机的。分类随机存储的优点是既具有分类存储的部分优点,又可节省货位数量,提高仓库利用率。其缺点是货品出/入库管理及盘点工作难度较高。分类随机存储兼具分类存储及随机存储的特点,需要的储存空间介于两者之间。

5. 共享存储

共享存储是指不同货品可共享相同货位。其优点是能够节省储存空间和搬运时间。其缺点是这种管理在理论上相对比较复杂[71]。

6. 分类定位机动共享存储

上述单一的存储策略在很多情况下不能解决实际问题。虽然随机存储一般情况下可以提高库位的平均使用率,但不一定能最有效地利用仓库储存空间。由于上游原木(木片)供应企业实际供料情况差别很大,如果都设成相同尺寸的货位,那么小批量占用大货位,无端地浪费仓库资源,显然是不合理的。在这种货位尺寸大小不同的情况下,随机存储显然是不能有效利用仓库储存空间的。本策略不允许随机存放货品,即使在相同尺寸的多个可选货位里也不允许,要做到目标位置唯一明确化。

要做到货位分配求解结果唯一化、最优化,存储策略研究就成了解决一种多目标优化问题。所要追求的目标如下:

(1)来料堆放面积与货位尺寸相匹配,尽量避免小批量货物占用大尺寸货位或者大批量物料放在小货位上而导致其相邻货位不能被使用等资源浪费。

(2)搬运距离短,周转利用率高的货品,要放在靠近木料出口的位置。

(3)同类货品要放在相邻的放置,如本厂原木加工的木片和外购入库的木片不要混放。

(4)仓库储存空间利用率尽量保持高标准。

(5)优先保证每一类木料都有对应的货位可以存放。由于仓库布局一经设置就很难再改动,而木料的尺寸和数量是动态变化的,而遵照上述规则执行可能会导致木料找不到货位,因此必须以能找到货位为最高原则。

(6)保证存储安全性及原木(木片)受力均衡性。

(7)目标位置要明确化,不允许出现求解结果有多种可能的情况。

针对这些目标,本书对原木(木片)仓提出一种新的存储策略——分类定位机动共享存储策略。即先将木料按特性分成大类,每个大类形成一个储区,如针叶林原木区、针叶林木片区、阔叶林原木区、阔叶林木片区、临时区(用来放置等待放入制浆生产线生产的净木片,包括外购原木加工出来的木片和外购木片处理好后的木片)等。再按来料批次把大类储区分成小类储区,根据统计出的每个小类批次货品的可能在库量计算各小类储区的货位数量。需要指出的是,本策略并不像上述的定位存储策略或者分类存储策略那样,按货品的最大可能在库量设计货位容量,而是设置重叠缓冲带,如假设A批次木料和B批次木料在库数量波动比较大,那么给A类和B类木料各设置一个单独存储区,其货位数分别为其平均在库量,同时再设置一个重叠缓冲区,该缓冲区既能存放A类木料,又能存放B类木料,缓冲区的货位容量取A类和B类木料最大在库量与各自的平均在库量之差的最大者。由于A类木料和B类木料同时达到最大在库量的概率可以忽略不计,与将 A 类木料存储区和 B 类木料存储区都设成最大在库量相比较,这种做法就大大节约了仓库储存空间,减少了木料数量波动比较大带来的负面影响。即使 A 类木料和 B 类木料偶尔同时达到最大在库量,那么为了满足"保证物料都有货位存放"这一目标,采用机动共享方法,即按上述缓冲分类法进行操作却发现木料已经没有货位可放时,允许小量木料占用稍微大一些的货位或者大量木料占用小一些的货位。该方案虽在非常时刻背离了"来料尺寸与货位尺寸相匹配"的目标,带来了少许空间浪费,但此种状况并不经常发生,也保证了"保持高的仓库存储空间利用率"这一目标的实现;如果时常发生,那么就说明要加大某一类木料的货位容量。

为了实现"搬运距离最短"这一目标,根据原木(木片)的出/入库频率来设定其靠近出入口的优先级。生产使用频率高的木料,与靠近生产线的库位进行绑定,即给靠近生产线的货位打上标记,标识它们只能存放某些木料。这类似"定位存储",但又有很大不同。"定位存储"按木料的出库频率来安排货位,每个木料都对应一个固定货位,木料不能互用货位,货位的容量设为木料的最大在库量。而本策略则不要求每个木料都有一个固定货位,即不要求每个货位都标记一定要放某种木料;货位的容量不按木料的最大在库量设计,采用机动共享方案。机动共享方案有点类似"随机存放",但其本质是不同的,木料能放什么位置不是随机的,而是唯一确定的。为了保证这种唯一性,除了采用按级扩展可选货位的范围这种方法以外,还采用"先入先靠近生产线"这一原则进行存放。

如何知道一个货位是否靠近生产线以及其靠近生产线的程度如何?有些文献的观点是货位的编号要反映出货位与出库台的距离,同时为了平衡各巷道木料存储及装载机的运作,宜采用联合编号法,即对所有货位一起编号。图 3.4 为两个巷道 4 排货位的编号情况。

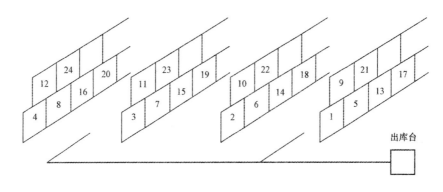

图 3.4 货位联合编号法

第3章 林-浆-纸企业生产物流智能配送策略及应用研究

联合编号法使得货位编号大小和其出库距离相关联,在入库物品时若要将木料放到与出库台最近的货位,或者在取木料时优先考虑离出库台最近的木料,就可以按货位编号的大小来实现。各排货位中的邻近主干道的货位比较方便出库,因此首先给它们编号,如其中的1、2、3、4号库位;其次给相邻的货位编号,如5号货位;如此递推,给所有货位编上号。

上述联合编号法有一个显著特点,就是所有的货位要一起编号,如果要增减货位,就必须对相关的所有货位进行重新编号,这样费时又费力,容易导致数据不一致现象的发生,从而造成管理上的混乱。

本书定义了一种隐含出库距离的货位编号方法,如图3.5所示。其编号规则如下:给每列货位一个标识码,用英文字母来表示,在26个字母不够用的情况下,可以用其他符号予以扩充;此编号方法与联合编号法的不同之处在于货架的增减或者货位的增加对其他货位的编号不会产生影响,即其他的货位编号不需变动。通常,若要增加货位,对尾部进行修改即可。

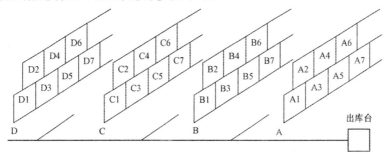

图 3.5 隐含出库距离的货位编号方法[72]

如果要区别两个货位号中哪个出库距离较短,可以使用如下方法,首先判断编号尾数,如果数字小则其距离短,如果数字一样大,如A1和B1,那么再向前判断其类别标识,类别标识小者距离短,从而可知A1要短于B1。该方法具有可视化的效果,不需要通过计算,通过人眼可直观地比较出库距离的大小,同时与联合编号法相比,该方法的直观性还表现为对现场操作人员而言,可根据编号直接找到对应的库位,而联合编号法则不方便操作者直接看出货位所在的具体空间位置。

对多层自动化仓库而言,在同一个货架内,货位的编号也有几种方法可选择。图3.6(a)是从出库距离可视化角度考虑设计的编号方法,其编号大小和货位实际出库距离有对应关系。但在一些仓储管理要求非常高的情形,在货架下层未放满的情况下就去放货架上层,这显然是不合常理的,较合理的方法应该是先放满下层再放上层。按照"编号小者优先出入库"的思路,那么下层的编号就都应该比上层的编号小,如图 3.6(b)所示。做了这种改进之后,还有一些问题,如下层货架要扩展货位,或者减少货位,那么上层的货位编号就需要全部重新设定,而且很难通过货位号看出货位之间的关系,如 A6 位于 A1 和 A2 正上方的库位这层关系就不能被直观看出。因此,有必要综合考虑实际出库距离可视化、上下层关系可视化、安全要求可视化,采用图 3.6(c)所示的编号方法,下层以奇数编号为依据,上层以偶数编号为依据,这样既满足了编号与出库距离的正比关系,又容易看出哪些是下层货位,哪些是上层货位。

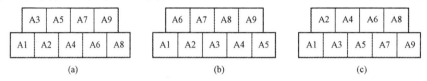

图 3.6 三种货位编号样式

(a)距离优先编号法;(b)安全优先编号法;(c)综合可视编号法

上述货位可视化编号方法,对于两层堆放来讲,应该是非常完美的,不但方便人们一目了然地进行货位管理,而且便于计算机程序进行求解。这已经满足了本项目的要求。但若堆垛层数大于 2,此种方法就不适用。解决的方法是将货位编号长度扩展一位,成为 S—L—N(货架号—货层号—序号)样式,此时求解出库距离最近货位的方法则变成计算虚拟距离值。虚拟距离值最小者为最优。

3.1.5 库存标准及货位分配

货物库存量必须保持在最高库存量和最低库存量之间。所谓最高库存量是指为防止存货过多,浪费资金,各种货物必须限定在最高极限值以下。这个最高极限值是企业内部管理的一个警戒指标。所谓最低库存量是指通过生产的实际经营经验,总结出一个库存量的最低极限值。最低库存量又分为理想最低库存量和实际最低库存量。理想最低库存量就是在采购期间尚未进货时的货物需求量,这是一个估计值,也是企业的临界库存量。一旦货物库存量低于此值时,将导致缺货和停工的危险。实际最低库存量是为防止货物脱销而设的一个比理想最低库存量略大的安全库存量。通过计算机对库存上下限进行自动控制,一旦库存量低于设定的库存上下限系统就发出警报。

就需求状况而言,在市场导向的经营方式下,有以下三种需求状况:

(1)对未来的需求是已知的固定需求状况。

(2)风险情况,这是大概知道未来需求的估计情况。

(3)不确定情况,对未来需求完全不知道。

众所周知,流通业是否景气,完全受到经济大环境的影响,在需求量尚不确定的情况下,过多购进货物,会造成产品的滞销呆放,影响资金流动。关于各段时间的库存量公式如下:

$$Q(t)=Q(0)-D(t/T)^{1/n} \tag{3.3}$$

式中　T——需求决定时间;

t——T时间内的任一时间段;

$Q(t)$——时间t时的库存量;

$Q(0)$——初期($t=0$)的库存量;

D——T期间内的需求量;

n——需求形态指数。

当$n=\infty$时,需求为瞬时型,所有需求在初期发生。

当$1<n<\infty$时,需求的大部分发生在初期。

当$n=1$时,需求为固定型。

当$n=0$时,需求在末期。

在需求量前置时间和相关成本已知的前提下,求出"一次订购最经济的数量"和"最经济的订购周期"。也就是说,求出"订购成本和保管成本的总和为最低值"的订购量和订购周期[84]。通常以一年为预测期,其订购成本与保管成本总和的计算公式如下:

$$T_c=\frac{C_2 D}{Q}+\frac{C_1 Q}{2} \tag{3.4}$$

式中　T_c——全年存货的订购与保管总成本(元);

$\dfrac{C_2 D}{Q}$——全年总订购成本;

$\dfrac{C_1 Q}{2}$——全年总保管成本;

Q——每次订购存货量;

D——全年需求量;

C_1——存货的单位成本(元);

C_2——每次订购成本(元/次)。

由式(3.4)可对各时间段库存量做预先测算。这对整个存货管理有较大的好处。

对式(3.4)通过微分求极值,可以推导出在订购与保管的总成本为最低条件下的经济订购量、金额、次数和周期,即:

经济订购量　　　　　　$Q^*=\sqrt{2C_2 D/C_1}$　　　　　　　　(3.5)

经济订购金额　　　　　$C_1 Q^*=\sqrt{2C_1 C_2 D}$　　　　　　　(3.6)

经济订购次数 $\qquad N = D/Q^* = \sqrt{DC_1/2C_2}$ (3.7)

经济订购周期 $\qquad t = 1\text{年}/N = \sqrt{2C_2/DC_1}$ (3.8)

由式(3.5)~式(3.8)可知,在假设货物价格不变的条件下,当订购数量增加时,可享受优惠折价的待遇。若这个优惠折价大于所增加的保管成本,则应增加购货量;反之,不应该增加购货量。图3.7为存货量管理系统。

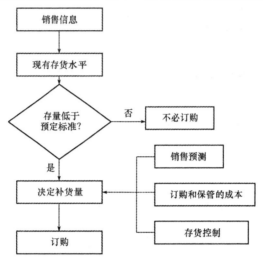

图 3.7 存货量管理系统

货位计算很难用数字化公式和数字模型予以描述,通常是利用一些规则或准则进行非过程性的运算。根据以上的分类定位机动共享存储策略,本书制定出如下具体的执行规则:

(1) 先入先出。先入库的木料先靠近出库位置存放,意即同种木料出库时,先入库者,先提取出库,以加快木料周转。避免木料因长期积压产生腐朽、变质及其他原因造成的损失。

(2) 浆包先放满下层货位,再放上层货位。

(3) 货架受力情况良好,较重的浆包放在下层货位,较轻的浆包存放在上层货位,使它们受力稳定。

(4) 节约存储空间,对于小浆包,则优先放置在上层货位。这条规则似乎与"先放满下层"相矛盾,但这些小浆包放在下层,导致其上层不能放置货物,造成资源浪费严重。

(5) 按大类分区存放。木料存储区都分为针叶区、阔叶区等大类分区,木料必须放到对应的分区。

(6) 按小类分货架存放。按木料尺寸,如幅宽、直径大小,分成不同的货架,木料要"对号入座"。

(7)为周转率高的木料事先指定好专用货位,要将它们靠近生产线放置,提前预留专用货位。当然,这又是个权衡问题,如果专用货位指定多了,势必造成浪费,因此提供一个机动策略,如果木料对应的指定位置都已经放满,那么自动去掉此条规则。另外,如果木料对应的专用货位只剩下位于上层的,而非专用货位有大量空着的下层货位,那么也照样放在上层的指定位置,此时自动去掉了"先放满下层"这一规则,优先执行"使用专用货位"这一规则。

(8)等待出库或正在出库的浆包的上层不能放置浆包。否则,下层浆包要出库时,就成了死锁状态。

(9)倒料作业时,木料要在同类的就近货位放置。即使其他货位有更接近出库位置的空库位,也优先考虑在同类货位中倒料,且要移动距离最短。

这些规则表面看来相互之间有矛盾,但其实是一个问题的合理解决办法。

3.1.6 货位分配数据模型

就一个具体的仓库而言,要实现准确的货位分配需要考虑很多因素[70],如所存储木料(浆包)的特性,包括质量、供应商家、批次、期限等;具体仓库的特性,包括出/入库口的位置、巷道的数量和排列方式、货位尺寸等。为了实现计算机自动管理,完成对货位的自动分配和作业调度,本书建立了货位计算数据模型(图3.8)。

其中,"存储作业求解"表示的是将要存储的木料及存储作业类型,如入库作业、倒料作业、出库作业等,以及通过计算获得的所要存放的目标货位。"货品"对象记录的是货品代码、货品条码、货品名称、货品类别、货品质量、入库日期等信息,本书采用的是将货品代码、货品条码一一对应编码方式。"存储作业求解"通过货品代码与"货品"实体相关联。

"作业类型信息"对象描述作业类型代码、作业类型名称、作业优先级等信息。"存储作业求解"通过"作业类型代码"与作业类型实体相关联。作业类型是分类定位机动共享策略的输入条件之一,图中箭头前方的类型符号表示箭头指向整个对象。"配送"对象记录的是"加工品号"和"库区代码",一个加工品号对应一个存放的库区。"货品信息"对象通过"加工品号"与此对象关联,匹配应该存放的库区。"储区"对象表示的是库区内的一个个小分区。"货品信息"对象通过"货品类别"与"储区"对象相关联。根据"库区代码"和"货品类别"可匹配"储区代码"。一个储区内有多个货位。

此外,输入条件是作业类型信息、货品信息、货位信息,并以此作为分类定位机动共享策略,决定采用什么规则。这是个反复运算求解的过程。起初是几条规则一起参与运算求解,可能找不到解,然后改变规则,继续进行运算,最终得

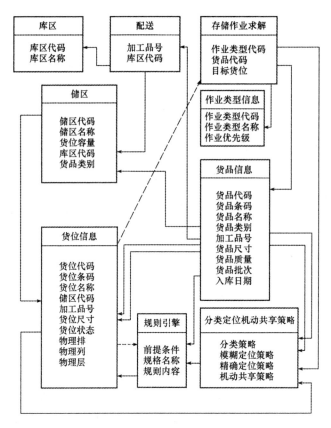

图 3.8 货位计算数据模型

到最优解。

某些发生概率极小的异常情况出现时,如特大批次来料一定要放在特大储区,而特大储区已满不能再放置此批次料时,系统会自动报警,让管理员了解这种异常。

为了求解目标货位,需要了解当前所有相关货位的货位状态。货位状态表示的是货位和货品对象之间的关系。参考文献[67]定义了三种货位状态:空闲、占用、拣选。而本书则增加两种货位状态,即"预约"和"损坏"。其含义如下:

①占用状态——货位上已经放有木料,不能再放其他木料。

②预约状态——货位上没有存放货品,但一个准备入库的货品已经预约放到此货位,也就是说,虽然此货位是空的,但已经被锁定,不能被其他木料使用。

③空闲状态——货位上没有存放货品,而且没有被任何货品预约。

④损坏状态——该货位存在问题,虽然空着但不能再放置任何货品。

⑤拣选状态——货位处于存放或取出货品的状态,介于占用与空闲之间。

在定义拣选配送状态之前,先了解木料出/入库的常见方式。木料出/入库方式通常分为单元出/入库和拣选配送出/入库两大类。

1. 单元出/入库

单元出/入库是指整个木料一起参与出/入库操作,木料一经取出,那么其占用的货位立即释放,变为空闲状态,如原木(木片)的全部取出或装入。木料单元入库时,系统根据存储策略找到目标货位,那么该货位就从空闲状态变为预约状态;之后,搬运设备将木料放到该货位上,那么货位就从预约状态变为占用状态;货品单元出库时,搬运设备将木料搬出,那么货位就从占用状态变为空闲状态。

2. 拣选配送出/入库

在拣选配送出/入库操作方式中,为了取出某一货位上的部分物品,需要首先用搬运设备将部分木料从货位上取出。

在此过程中,有一个阶段,货位上没有木料,但货位又不是空闲状态,即该货位已经被某一木料锁定,以求在此次拣选操作完成前不能对该货位木料再次进行出/入库操作。

3.1.7 原料堆场仓储系统业务流程设计及应用效果

流程设计非常重要,如果设计不合理,整个系统将不能正常运行。这里的流程设计,也可以理解为对原木(木片)加工(搬运)工序的定义。系统的业务流程非常多,本书主要说明原料堆场业务流程。

针对该林-浆-纸企业原料堆场实际情况,原料堆场按原木、木片、树皮划分为三个大的区域。其中,原木区再划分为针叶木区和阔叶木区;木片区划分为针叶木片区和阔叶木片区;树皮区划分为针叶木树皮区和阔叶木树皮区。详见表 3.4。

表 3.4 原料堆场仓位划分

物料类别	原木		木片		树皮	
	针叶木	阔叶木	针叶木	阔叶木	针叶木	阔叶木
区域编码	A1	A2	B1	B2	C1	C2
货位编码	A1-1,A1-2	A2-1,A2-2	B1-1,B1-2	B2-1,B2-2	C1-1,C1-2	C2-1,C2-2
货位个数	168	72	200	230	40	40
货位面积	33 600 m²	14 400 m²	30 000 m²	34 500 m²	6 000 m²	6 000 m²

原料计算机编码方式如下:

英文字母表示原料的大类:原木 A;木片 B;树皮 C。

阿拉伯数字表示树种:马尾松 1;杉木 2;桤木 3;桉木 4;杨木 5。

1. 入库作业流程

入库作业流程如图 3.9 所示。入库过程大体分为两个阶段：一是入库准备阶段；二是实际入库阶段。入库准备阶段由生产部门操作员完成，主要负责打印和粘贴标签。该标签上印有来料条码，标签打印采用专业的条码打印机完成，打印速度快、打印质量高、工作噪声小。本打印任务由嵌套在 MIS 系统中的打印控件完成。此外，还打印入库信息单，这是唯一一个有纸质指示书的作业种类。此指示书也是系统考虑周到的表现之一，是为了降低工作人员的负荷，避免工作人员频繁地上下轮式装载机，他只需要在车下扫描入库信息单上的条码。当然，为了防止轮式装载机搬错原料，系统在其放下木料时会进行严格审核。此做法考虑了人体工学，受到用户欢迎。当然，这存在一个以纸质指示书为准还是以电子看板为准的问题。本书规定以电子看板为准，装载机操作工看到电子指示板才会去扫描纸质指示书上的条码。

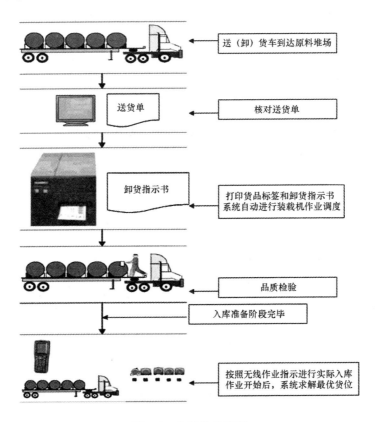

图 3.9 入库作业流程

同时，系统将需要入库的原料进行调度求解，最终形成一个入库、出库等作业混杂在一起的动态变化的调度日程表。如果入库作业具备了执行条件,那么系统将此入库作业发送到无线终端设备,操作工就开始进行入库操作。

图3.9是一个入库作业实例。仓库管理员按照电子看板提示先"扫描来料条码",然后系统会自动发送扫描结果;服务器端核对无误后,开始根据一系列条件求解该入库作业的最优库位,最终求得A1-27,并将结果发回,此时无线终端的作业界面如图3.10中最左边的电子看板所示。与服务器通信所需要的时间通常在1 s内。之后装载机操作工就开始按照指示驶向指定货位,同时远方的仓储监控电子看板也会立即知道这个入库动态。如图3.11所示,监控电子看板最上方会显示入库作业动画,同时入库的目标货位A1-27会闪黄灯,并一明一暗交替闪烁。因此,生产管理人员坐在办公室就能对生产现场了如指掌。

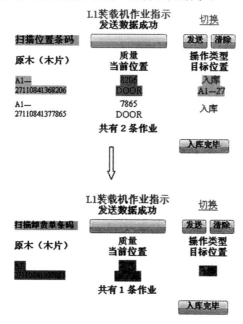

图3.10 实际入库操作

之后,车载RFID阅读器扫描目标货位条码,系统会判断操作是否正确,如果错误,那么系统会报警。例如,在实际生产过程中,有个装载机操作工将木料放错了位置,结果扫描目标位置条码时,系统不断报警,他才发现放错了,再把此木料搬运到正确位置,之后顺利通过了系统的审核。

该条作业做完后,服务器立即发来最新的作业调度结果;同时,仓储监控电子看板也会自动取消显示入库作业动画,并不再闪烁表示入库的红灯,而代之以绿色长明灯,表示A1-27已经存入木料。之后,管理员可以双击库位A1-27,仓储监控电子看板就会显示该货位存储的木料的详细信息,从而极大地简化和方

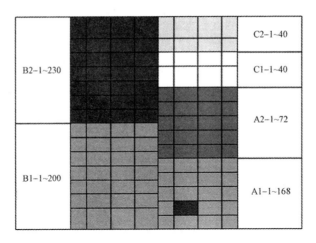

图 3.11 仓储电子看板动态实时显示入库操作

便仓库管理工作。由于系统统一指挥，保证了货物放置的一致性，避免了堆垛带来的混乱局面；几乎取消了工人判断、寻找、抄写等繁杂工作，提高了自动化水平和生产管理效率，保证了生产数据的及时性和准确性。

2. 出库作业流程

对于制造业来讲，生产无疑是核心工作之一。本系统的一大作用就是对生产加工工序的前工序进行优化，使得木料流动"有序化""高效率"，称为前工序有序高效化处理。本系统制定了生产加工日程表，其思想是按日期、生产线、班次安排加工任务，前一班没有完成的任务要自动加入下一班的作业日程表，而且要放到最开始。图 3.12 是一个生产进度电子看板，它显示了当前班次的作业任务，以及每个任务所要加工的木料名称、加工数量、加工时间等。操作工仍然只能执行第一条作业，如果第一条作业执行完成，那么该条作业就会从电子看板上消失，管理员只要坐在自己的办公室里观看此电子看板，就可以知道加工的进展情况。由于每个作业任务都需要用到生产原材料——原木（木片），因此就需要生产出库装载机作业。这是系统自动处理的，只要生产管理员发布加工指示，系统就会通过装载机无线终端自动发布"生产出库"作业，并和其他的入库作业一起参与调度求解。生产出库作业的下一步是"卸料作业"，"卸料作业"一旦完毕，操作工按下"出库完毕"按钮，装载机无线终端质量作业指示自动更新，同时立即进行下一轮装载机作业。由于装载机从原料堆场货位中取料是分多次进行的，系统并不知道原料的质量。经过研究，笔者采取了如下对策解决，即在生产线投料口位置安装与计算机终端相连的电子秤进行称量，同时采集相关信息，这个问题就可以迎刃而解了。

第 3 章 林-浆-纸企业生产物流智能配送策略及应用研究

生产进度电子看板

2010年08月20日　生产线：L1　班次：甲班　　　　　　　　　　操作工：刘里

序号	原料编号	质量	已耗时	已投料质量	制品	备注
1	B02-201108245438765	8 765	20	1025	F02	ZZ09
2	B02-201108245444350	4 350	0	1052	F02	ZZ07
3	B02-201108245458900	8 900	0	1032	F02	ZZ11
4	B02-201108245458365	8 365	0	1026	F02	ZZ08

图 3.12　生产进度电子看板

3. 车间内部出/入库作业流程界定

值得一提的是，在实际生产过程中，不管是从厂外运进的原木或是木片，还是厂内原木加工后形成的木片，由于生产的需要，都会遇到要马上投入生产的情况。本系统规定，不管是什么情况，都必须先入库再出库，虽然流程上烦琐些，但对规范物流管理是很有必要的。

3.1.8　智能监控电子看板的技术实现

电子看板管理的出发点是借助以电子计算机技术为主的信息技术，来实现生产过程控制的自动化。这个过程贯穿从车间生产线产品计划的动态下达到完整产品下线的始终，全程跟踪在制品的每一个生产加工工艺过程，建立完整的产品生产过程档案，并将在制品在生产线上的加工信息实时动态地反馈到生产管理部门，为生产调度管理提供充分可用的信息，生产管理员在这些信息的基础上，实施生产过程的监督与控制，将生产指令及时动态地下达到生产线，为生产线上的工人组织生产提供依据[86]。

本系统的核心功能是下达装载机作业指示，并实时监控和跟踪作业的执行情况。由于作业指示是动态变化的，如果采用纸质看板方式管理，则存在数据更新不及时、操作烦琐、信息传递失真、错误率高等诸多问题，而引进电子看板则能有效解决这些问题。看板分为进行生产指示的"生产指示看板"和后道工序从前道工序拿取部件时进行指示的"领取看板"两大类。引进电子看板后，装载机作业指示电子看板可归属这两类，但本书还要研发另外一类电子看板，即库存动态监控电子看板，它不属于前面两类，没有明显指示工人该如何动作的功能，它负责实时显示库存的动态变化及货物正在进行的移动以及各项作业的进展情况，它还可给出库存不足的预警，可命名为"监视看板"或"监控看板"。

作业指示电子看板用不同的颜色来表示生产指示的被执行状态：如未执行是蓝色，正在执行是绿色，超时是黄色。库存（大型置场）监控电子看板也用不同颜色标明了物资的状态，如绿色表示在库，黄色表示入库中，红色表示物资过期，白色表示货位空闲等。这些颜色可以帮助现场工人和企业管理员直观地了解生产情况，起到目视化管理作用。

1. 无线作业指示电子看板的技术实现

装载机作业指示电子看板作为给操作工发出作业指示的唯一来源，装载机的任何搬运动作都必须通过作业指示电子看板进行；系统只允许装载机执行第一条作业。因此，这就需要先设计好作业流程，统一并简化操作方法，经过研究，笔者设计操作工的作业动作为看指示看板，扫描货物条码或 RFID 地标，操纵机器装卸货物，将货物放到指定的目标位置上，最后扫描"地标条码"。该操作规则保证了不会取错货物，也保证了不会将货物放错位置，取消了不必要的扫描动作，如在装载货物时扫描其位置条码，在放下货物时扫描其货物条码。

由于装载机是移动工作的，因此装载机作业指示电子看板需要通过无线通信的方式收发信息。目前编写程序时，有两种基本的选择：桌面应用程序和 Web 应用程序。鉴于 B/S 结构具有使用方便、升级容易、对用户要求低、特别适合无线应用等优点，选择基于 Web 的无线终端实现方案[78]。

装载机作业指示看板（无线数据终端）需具有桌面应用的特性，要做到装载机操作工只要按扫描器的扫描按钮即可，而不需要按 Web 界面上的任何按钮。也就是说，电子指示看板要保证所呈现的作业指示是最新的数据，这就需要自动地与服务器进行数据同步更新；而且需要能够自动捕获装载机操作工的扫描动作，自动判断扫描或者输入是否已经完成，自动判断扫描的正确与否，正确则给出下一步提示；错误则给出报警提示，还需要能够自动发送数据给远程服务器，并自动获得最新的作业指示日程表。

Web 页面更新的传统做法是定时刷新重载整个页面，其缺点是有闪烁感，给用户一种不舒服的感觉。以图 3.13 所示的作业指示为例，由于它使用无线移动数据终端上的 Browser（浏览器）来做界面呈现，响应速度慢，刷新页面时就会出现页面抖动现象，效果很差。AJAX 的兴起为解决这种问题提供了全新的解决方案。

异步 JavaScript+XML（即 AJAX），是一种创建交互式 Web 应用程序的 Web 开发技术。这种程序使用 JavaScript 和 XML 从客户端向服务器提交请求，且整个过程中仅需要交换少量的数据，而不必提交整个 Web 页面。因此，这样的程序将更快和更具响应性，并将成为新一代客户机/服务器系统的重要基础技术之一。AJAX 的核心是 XMLHttpRequest 对象。客户端能够在后台检索并直接提交 XML 数据。为了把检索的 XML 数据转换成可生成的 HTML 内容，需要依赖于客户端

第 3 章 林-浆-纸企业生产物流智能配送策略及应用研究

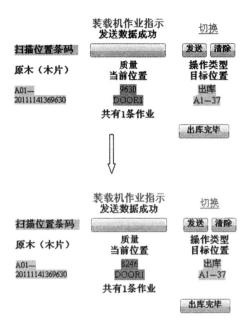

图 3.13 实际出库操作

文档对象模型（DOM）读取 XML 文档节点树并且组成用户看得见的 HTML 元素[87]。

采用 AJAX 技术来解决无线移动数据终端界面呈现实时性问题具有明显优势。Web 应用无线终端的 JavaScript 代码能够在后台通过无线电波与远程服务器进行异步通信，而不被用户察觉，用户看到的界面没有发生任何变化并仍能继续进行界面操作，等到通信完成后，原有的界面会被瞬间替换，没有等待和闪烁感，并且在此期间，用户输入的数据仍能保留下来，而不会被"冲洗"掉。

对于 Web 应用，本书则主张采用文本传输的通信方式。其原因如下：

（1）XML 传输数据量大，如一个 HTML 表格中的一行信息，用 XML 传输的信息量常常大于单纯的 HTML 信息量。

（2）浏览器端过多地参与了业务处理，导致浏览器端代码臃肿，系统升级维护工作量大。客户端收到 XML 之后，还要对数据进行解析，然后决定对页面中的哪一部分进行操作。也就是说，大量界面呈现工作由浏览器端完成。这种做法显然没有"服务器端负责界面呈现、浏览器端只负责解释执行"的方式好，因为如果界面显示的内容有变化，那么服务器端、瘦客户端的代码就都需要进行相应的改动。

控制指令采用字符串格式传输完毕后，浏览器端脚本程序需要解释执行，这个过程用 JavaScript 的 eval 命令完成。另外，采用 AJAX 的 Web 应用也有一个明显的缺点：它会频繁地访问服务器，如果处理不好，那么网络带宽、服务器资源会被大大消耗而带来死机、网络堵塞等诸多问题。对此，本书采用如下办法解决：

(1)处理 AJAX 访问时，服务器端程序只访问内存资源，而不直接访问数据库资源。这样一来，不但减少了不必要的对数据库的读写操作，而且减少了网络资源的浪费，提高了响应速度。

(2)采用时间标记法。服务器记录着数据更新的时刻 T_1，客户端发来的请求中需要说明自己取得当前界面的时刻 T_2，服务器将两个时间进行比较，如果发现 T_1 晚于 T_2，那么将需要更新的内容发给瘦客户端，否则直接回复"不需要更新"。

图 3.14 给出了无线作业指示电子看板技术实现工作流程。首先用户登录系统，之后系统校验用户身份，通过后生成电子看板的整体界面，只是还没有作业内容，也没有操作提示。之后，电子看板分为两大块：其一是作业指示的实时更新；其二是生产车间数据采集功能，包括扫描动作的实时捕获、扫描结果的检查及执行数据的自动发送。作业指示自动更新时间是 5 s，使用 AJAX 在后台与服务器进行通信，提供当前显示的作业指示的发布时刻，服务器判断此时刻后有无作业指示变动，若没有变动则通信结束，若有变动则服务器仅将作业指示内容发回。它们是以字符串形式表示的 JavaScript 脚本，而不发送页面标题、输入框、按钮等其他不改动的信息，浏览器收到后，使用 eval 语法执行这些脚本命令，对页面的局部进行瞬间替换，解决了页面抖动问题，实现了无刷新感实时更新。自动同步作业指示最新版本，自动采集并发送作业结果数据，这些自动性质的工作都是在后台进行的，根本不影响用户在前台的操作。

2. 仓储监控电子看板的技术实现

图 3.11 所示的仓储监控电子看板的技术难点部分与无线移动终端上的装载机作业指示电子看板相同，如 Web 界面的无刷新感自动更新功能。此外，它还需要解决如下问题：

(1)图形化界面呈现方法。在 Web 上呈现图形画面一般采用的是静态的栅格图像。它存在如下问题：一是数据量大，网络传输困难，不适合更新频率高的电子看板；二是图像放大后有马赛克效应等严重失真现象；三是没有图形交互功能。

另外一种比较流行的 Web 图形标准是可缩放矢量图形(Scalable Vector Graphics，SVG)。SVG 包括三种类型的对象：矢量图形(包括直线、曲线在内的图形边)、点阵图像和文本。各种图像对象能够进行组合、变换，并且修改其样式，也能够定义成预处理对象。与传统图像格式不同的是，SVG 采用文本来描述矢量化的图形，这使得 SVG 图像文件可以像 HTML 网页一样有着很好的可读性。当用户用图像工具输出 SVG 图像后，可以用任何文字处理工具打开 SVG 图像，并可看到用来描述图像的文本代码。掌握了 SVG 语法的人甚至可以只用一个记事本读出图像中

第3章 林-浆-纸企业生产物流智能配送策略及应用研究

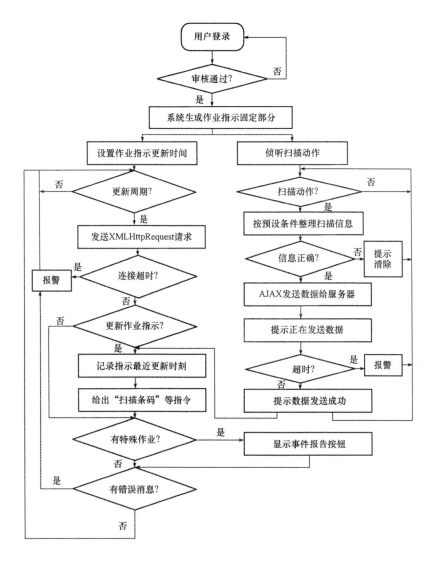

图 3.14 无线作业指示电子看板技术实现工作流程

的内容。SVG 文档对象模型将图形中的一个个元素处理为一个个对象,通过脚本语言调用 SVG 文档对象模型就可以完成比较复杂的图形交互功能,如图形缩放、图形局部重绘等。本系统中部分功能就采用 SVG 技术实现。

第三种可选择的技术是 Flash,Flash 特别适合于动画制作。与 SVG 相比,它的优点是源代码是保密的,可以保护软件著作权。

此外,也可用 Java Applet 绘制图形,但难以实现复杂的单个图元的动态交互功能。

经过仔细分析之后发现，如果 HTML 能够满足功能要求，那么用 HTML 来做"图形界面"的呈现当然是最好的。原因有三点：①编码相对简单；②代码量小，界面初次出现的速度快；③不需要安装任何插件，在任何浏览器上都可以得到相同的效果。因此，本处将大型仓储监控电子看板上显示的图元用 HTML 的单元格来呈现，需要做的工作有三个方面：①从视觉效果上满足原木(木片)堆放的图形关系，即需要准确定位所有单元格；②定义一套 CSS，使得有些单元格消失不见，有些单元格只显示三条边框；③在生成库位的同时，不仅要给出其在二维屏幕上的坐标定位(X，Y)，而且需要显示该库位的详细信息，如货位是被占用还是空闲，货位放的是何种货物，货位有没有特殊用途，等等。这关联到数据库里的多个表，因此是对数据库操作的一个考验，如果画每个库位时都去搜索一次数据库，那么显然是数据库和用户所不能承受的。在这里定义了一个 Hash 表，一次性统计并填入各个库位对象，并定义了一个线性表，用来存储置场每行和每列的信息，然后根据此 Hash 表和线性表统计出整个置场的全貌，画出骨架，最后开始画每个库位，并给库位着色。

(2) 最优的数据同步更新策略。由于置场是在不断变化的，可能会扩充库位，也可能货位上的货物已经发生变化，因此就需要不断地更新置场界面，更新时间间隔只能是几秒一次。如果每次更新都像上述"图形化"界面生成一样，执行大量的数据库查询、统计分析及绘制过程，显然是不合理的。

本书采用的解决办法是，只更新有变化的库位单元。这就需要服务器了解客户端显示的内容，并了解哪些库位发生了变化。笔者仍然采用时间标记法实现，对每个置场在服务器端定义一个时间戳，如果有出/入库作业，就更新此时间戳。同时，在生成置场界面时给客户端发放一个时间牌，记录生成置场图的时刻。之后，客户端每隔 5 s，用 AJAX 在后台请求数据同步，服务器将其提供的时间牌 T_1 和自己的时间标记 T_2 进行对比，如果 T_2 晚于 T_1，那么就搜索 T_1 时间之后发生变化的库位，并将如何进行变化的指令发送给客户端去执行。这种做法能将服务器端的资源消耗降到没有经过优化时的 1/10 000。

(3) 装载机作业动画实时显示方法。仓储监控电子看板还有一项重要的功能是显示当前时刻正在进行的装载机作业的动画，同时，正在存取货物的货位也要用彩灯闪烁示意。

需要提出的是，这需要防止闪灯遗留现象，即应该消失的闪烁不应该继续。本书采用时间标记法解决了此问题：同时判断当前有没有正在进行的装载机作业，若有则显示对应的动画，否则清除正在显示的动画。这些功能，大部分用 JavaScript 脚本编程即可实现。

第3章 林-浆-纸企业生产物流智能配送策略及应用研究

3.1.9 浆包自动化立体仓库设计及仿真

1. 原有浆板库存系统状况

原有仓库数量多,条块分割严重,占地面积大,存储量小,运作效率低,耗费人力多。其具体存在以下问题:

(1)库房种类多,布局分散、管理部门多,造成全局管理难度大。

(2)库房管理采用传统的手工记账方式,不能及时和动态地反映库存信息,使经营决策者在决策时有一定困难。

(3)仓库作业采用人工方式,出/入库效率低,完全不能满足企业迅速发展的要求。

(4)原有库房设施不能使浆板实现先进先出。

2. 仓库位置和面积

新建的自动化立体仓库位于厂区东北角,库区面积为95 m×42 m,即3 990 m²。

3. 浆板种类和规格

该自动化立体仓库保管浆板品种和规格见表3.5。

表3.5 浆板品种和规格

品种	风干漂白浆板	
规格	针叶木风干漂白浆板	阔叶木风干漂白浆板

4. 浆包质量和规格

(1)浆包质量:500 kg/包。

(2)浆包规格:1 000 mm×680 mm×400 mm。

5. 参数设计

根据该立体化自动仓库出/入库作业以批次为主,拣选作业较少这些特点,选用T-1000型托盘式有轨巷道式高层自动化立体仓库。

(1)单元荷载的确定。设计自动化立体仓库最重要的一个环节是确定单元荷载的尺寸。尺寸的大小最终将影响立体仓库的储存效率。经综合考虑,最后确定装载单元尺寸为1 400 mm×1 100 mm×1 400 mm($W \times D \times H$)。托盘尺寸为1 400 mm×1 100 mm×1 500 mm($L \times D \times H$)。单元货格有效容积为1 400 mm×1 100 mm×1 250 mm($H \times D \times W$)。

(2)该立体仓库的主要参数。

库房占地面积:95×42=3 990(m²)。

采用5巷道9层50列,每巷道2排,总货位数:50×9×5×2=4 500(个)。
库存量:4 500×2×3×0.5=13 500(t)。

(3)主要设备。

堆垛机5台;链式输送机(含工作台)20台;搬运台车5台;计算机终端8台。

(4)进出货能力。每台堆垛机的平均复合能力即处理复合进出货所需时间为134.1 s。复合存取是指堆垛机把托盘运入、放进货格之后不立即出库,而是到另一货格把需出库货物运出。5台堆垛机的复合存取能力为134.1÷5=26.82(s)。每天按8 h工作制考虑,整个系统(5台堆垛机)复合能力为3 600×8÷26.82≈1 073(次)(取整)。因此,一个工作日进出货总数为2 146次。

(5)仓库结构特点。整个货架区为全封闭式,入库和出库作业区分开,入库品在入库前为整理和除尘等工序留有足够的空间。在货架区和生产线之间留有15 m×26 m的场地,作为货物的暂存区。

6. 自动化立体仓库的系统设计

本系统采用计算机对成品浆块进行在库管理、储位管理、自动化立体仓库的出/入库管理和输送机的控制。

(1)系统管理范围。系统管理范围如图3.15所示,从浆包的入库开始到出库为止。

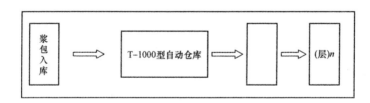

图3.15 系统管理范围

(2)系统基本功能。本系统以托盘为单位,对在库品进行管理。

储位管理方式(托盘与货架关系):采用自由储位管理方式,即寻找货架的空货位的位置,高效率托盘入库。

分配管理方式(物品与托盘的关系):当托盘上的物品全部被取走时,物品与托盘之间的关系被解除。若新物品放入托盘,则重新建立起物品与托盘的新关系。

混载管理:在一个储位可以放入多个不同规格、批次的物品。

多个储位管理:系统可以对同一属性的物品,分别用多个储位进行管理。

空托盘管理:系统可以存放空托盘,对空托盘进行科学管理。

出库顺序:完全按先进先出原则进行出库管理。

堆垛机操作：堆垛机通过车载终端接受系统指令。

(3)自动化立体仓库软件系统构成(图3.16)。

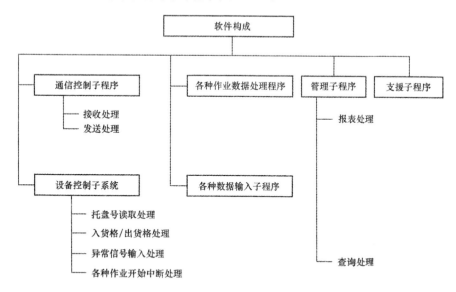

图3.16　自动化立体仓库软件系统构成

7. 自动化立体仓库的运转方法

(1)基本方针。自动化立体仓库的出库原则是以托盘为单位进行出库，为此，可能出现不足一个托盘的"多余物品"。在此情况下，是把"多余物品"暂时放在自动化立体仓库之外的货架上进行保管，届时可再入库。所以，计算机必须掌握"多余物品"的库存信息。自动化立体仓库之外的"多余物品"和货格内的物品都必须按先进先出的原则进行出库；要求自动化立体仓库的计算机能制作各种票据、查询相关信息，管理精度高，具备盘点库存的各种程序。

(2)入库作业流程。

①叉车根据车载终端信息提供空托盘。

②把浆包放在托盘上。

③用叉车把"入库准备完毕"的托盘放在输入传送带上。

④叉车离开传送带，托盘开始向货态检测部的方向移动。

⑤在货态检测部对单元荷载进行货态检查，并通过条码阅读器读取托盘侧面条码数据，之后停在"入库设定位置"。如果是空托盘，则在入库线上自动合流。

⑥如果货态尺寸超过规定值，或读取托盘侧面条码的值与系统要求不一样，系统报警。

⑦以上如果正常，入库终端扫描浆包上条码，此时，计算机进行托盘号数据

与浆包的连接处理。

⑧物流管理计算机根据托盘上浆包、浆包出库顺序等查选空货格，并向管理计算机发出出/入库指令。

⑨管理计算机接到来自物流管理计算机的进入货位的指令后，向堆垛机的无线终端发出托盘入库指令。

⑩堆垛机到达指定货位，并通过RFID识别货位上RFID标签，并进行比对，如果相符则入库，并把"入库完毕"数据传回管理计算机。管理计算机接到上述入库完毕数据后，修改在库文件和相应其他文件，自动计入库存文件。

(3)出库作业流程。

①收到订单数据。

②在办公室通过计算机终端整理订单，决定出库计划。按先进先出原则对在库和出库的货位进行查询处理，向电子看板或无线终端发出出库明细表指令。

③堆垛机根据指令从指定的货位取出托盘，并搬运到移动台车上。

④移动台车自行行走。此时出库终端显示订单号和其他有关项目。订单号用大号字体显示出来。

⑤叉车司机根据车载终端指令，把托盘从移动台车上取下来，送到指定的发货口，搬运完毕后，通过车载终端回复"已搬运完毕"。

⑥在发货口待命的司机根据发货明细表，按无线电子看板指示信息进行比对，如果正确，就从托盘上把浆包取出，并装入卡车的车厢中。

8. 浆包自动化立体仓库仿真

按照该企业浆包仓库技术要求设计的仿真软件运行界面如图3.17所示。

(1)仓库模型建立。货架区布局图如图3.18所示。货架区设有10排货架。货架规格：70 m×1.1 m×13.6 m，货架9层，层高1 400 mm。每层可以放置50个货物托盘，每个货架可放置450个货物托盘。10排货架共有4 500个托盘位。货架间通道宽2 m。散件货物托盘货架区分9层，36个托盘位。

(2)搬运设备配备。搬运采用普通的平衡重叉车，各配3台；整个托盘货架区货物的出库通过滚筒输送机完成。每个货架通道设置一个输入口，共5个，在出库区设置4个出口，通过条码、RFID等信息识别技术，根据商品订单，将货物自动分送到不同的出口。暂存区布局图如图3.19所示。

(3)模型优化结果。库房内货架区可以设立托盘位4 500个；基本操作员工数：操作工7人，管理人员5人，营销人员3人。普通平衡重叉车3台，手动托盘叉车1台。作业员忙闲状态图如图3.20所示。

第3章 林-浆-纸企业生产物流智能配送策略及应用研究

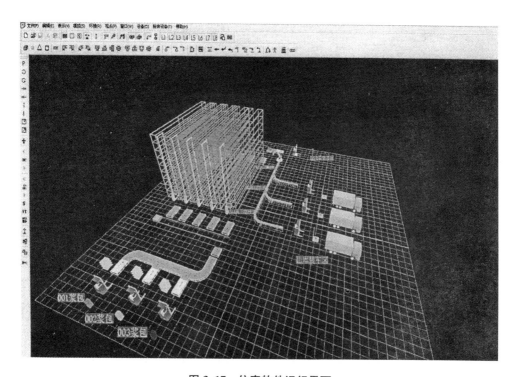

图 3.17 仿真软件运行界面

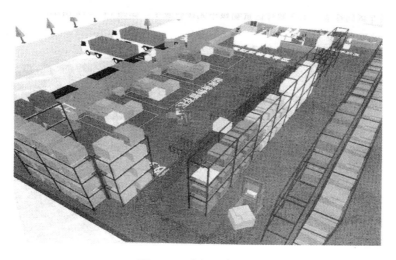

图 3.18 货架区布局图

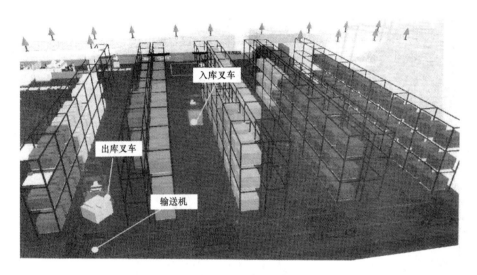

图 3.19 暂存区布局图

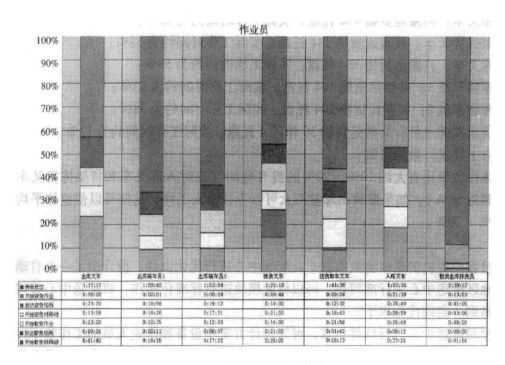

图 3.20 作业员忙闲状态图

第3章 林-浆-纸企业生产物流智能配送策略及应用研究

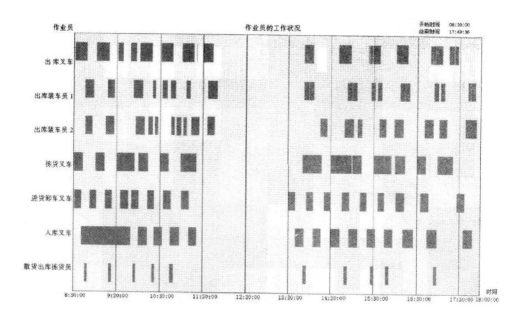

图 3.20　作业员忙闲状态图(续)

3.2 木片优化配料模型研究

3.2.1 问题的描述

在许多配料算法中，各种研究多采用清晰性线性规划方法，没有考虑在实际操作中，由于天气原因、损耗原因、管理因素等，往往希望配料结果中某些指标的含量尽量偏离规格限额，而线性规划模型中严格约束条件往往造成配料结果中木片的各成分含量处于允许区间的端点，这在制浆生产工艺中是不希望出现的。本处提出的模糊成分约束线性规划模型为解决这个问题提供了一条思路，提高了配料模型的灵活性和实用性，现场生产配料人员可以根据自己的主观判断和客观情况，对约束条件满足水平做出不同的估计，从而得到在相应情况下的满意解，使木片配料过程更具柔性。

木片配料模型的目标是以最低的原料成本生产出合格的成品浆板，并按照制浆工艺技术指标和企业规定的要求进行配料。考虑工艺限制的模糊配料问题可以描述成如下模型：

(1)决策变量。设有 m 种木片可供配制成目标木片使用，控制该目标木片 n 项物理指标。每种木片的配入量(分别为 x_1, x_2, x_3, …, x_m)是决策变量,很显然,决策变量全部满足非负条件,即 $x_i \geqslant 0$, $i=1, 2, 3, …, m$。

(2)目标函数。以配料成本最低为目标函数

$$\min Z = \sum_{i=1}^{m} c_i x_i \tag{3.9}$$

式中　c_i——第 i 种原料的价格(元/t)。

(3)约束条件。

①成分约束。木片的加入量会导致目标木片物理状态的变化,因此通过调节原料的加入量来调整目标木片的各种状态达到成品浆板的生产工艺条件。根据物料平衡原理,得到

$$\begin{cases} \sum_{i=1}^{m}(x_i \times a_{ij} \times s_i) \geqslant QE_{\min j} \\ \sum_{i=1}^{m}(x_i \times a_{ij} \times s_i) \leqslant QE_{\max j} \end{cases} (j=1, 2, 3, …, n) \tag{3.10}$$

式中　a_{ij}——第 i 种物料中第 j 成分的含量(%);

　　　Q——配料后物料的质量(t);

　　　s_i——第 i 种原料综合收得率;

　　　$E_{\min j}$——第 j 种成分的控制下限(%);

　　　$E_{\max j}$——第 j 种成分的控制上限(%)。

②原料许用量约束。原料的用量受到库存量的限制,用库存的最大量作为每种原料的最大使用量。

$$x_i \leqslant G_i (i=1, 2, 3, …, m) \tag{3.11}$$

式中　G_i——第 i 种原料的最大许用量(t)。

③总量约束。配料按照成品浆板的生产量进行原料的配比,因此需要按照配料后的物料质量进行总量约束。

$$Q = \sum_{j=1}^{n} \sum_{i=1}^{m} (a_{ij} x_i s_i) \tag{3.12}$$

3.2.2　模型求解

将式(3.9)和式(3.10)变形为 Fuzzy 约束下的线性规划问题。对于普通的数学规划可知,所有的约束条件均可转化为只有"$\leqslant$"的不等式约束条件。对于"$\geqslant$"的不等式约束条件,可通过不等式两边同乘 -1 的办法简单地转化为带"$\leqslant$"的不等式约束条件。

第3章 林-浆-纸企业生产物流智能配送策略及应用研究

$$\max Z = -\sum_{i=1}^{m} c_i x_i \tag{3.13}$$

$$\sum_{j=1}^{2m}(x_i \times d_{ij}) \leqslant b_i (i=1, 2, 3, \cdots, 2m) \tag{3.14}$$

其中，d_{ij} 和 b_i 为过渡变量。

将式(3.14)中的 $2m$ 个通过"$\leqslant$"表示的约束条件改写成 $2m$ 个 Fuzzy 集，$D_i \in F(x)(i=1, 2, 3, \cdots, 2m)$，且

$$\mu_{D_i}\left[\sum_{j=1}^{m}(x_j \times d_{ij})\right] = \begin{cases} 1, & \sum_{j=1}^{m}(x_j \times d_{ij}) \leqslant b_i \\ 1-\lambda_i\left[\sum_{j=1}^{m}(x_j \times d_{ij})-b_i\right], & b_i < \sum_{j=1}^{m}(x_j \times d_{ij}) \leqslant b_i+\lambda_i \\ 0, & \sum_{j=1}^{m}(x_j \times d_{ij}) \geqslant b_i+\lambda_i \end{cases} \tag{3.15}$$

其中，$\lambda_i(i=1, 2, 3, \cdots, m)$ 是已经给定的非负数，称为伸缩指标。为了求解还需将目标值 Fuzzy 化。假设 $Z_0 \leqslant Z \leqslant +\lambda_0$，其中 $\lambda_0 > 0$，令

$$\mu_M(x) = \begin{cases} 0, & \sum_{j=1}^{n} c_j x_j < Z_0 \\ \frac{1}{\lambda_0}\left[\sum_{j=1}^{n}(c_j x_j - Z_0)\right], & Z_0 \leqslant \sum_{j=1}^{n} c_j x_j < Z_0+\lambda_i \\ 1, & Z_0+\lambda_0 \leqslant \sum_{j=1}^{n} c_j x_j \end{cases} \tag{3.16}$$

其中，Z_0 及 λ_0 是根据实际问题来决定的。现将式(3.9)和式(3.10)转换成如下模型：

$$\max \mu_M(x) \wedge \mu_D(x) \tag{3.17}$$

根据模糊数学中相关定理又可将上式转换成如下的线性规划问题：

$$\text{s.t.} \begin{cases} \max g = \omega \\ 1-\frac{1}{\lambda_i}\left(\sum_{j=1}^{n} a_{ij} x_j - b_i\right) \geqslant \omega \ (i=1, 2, \cdots, m) \\ \frac{1}{\lambda_0}\left(\sum_{j=1}^{n} c_j x_j - Z_0\right) \geqslant \omega \\ \omega \leqslant 1 \\ \omega \geqslant 0, x_1, x_2, \cdots, x_n \geqslant 0 \end{cases} \tag{3.18}$$

上式整理后得到：

$$\text{s.t.} \begin{cases} \sum_{j=1}^{n} a_{ij}x_j + \lambda_1\omega \leqslant b_i + \lambda_i (i=1,2,\cdots,m) \\ \sum_{j=1}^{n} c_j x_j - \lambda_0\omega \geqslant Z_0 \\ \omega \leqslant 1 \\ \omega \geqslant 0, x_1, x_2, \cdots, x_n \geqslant 0 \end{cases} \quad (3.19)$$

3.2.3 数字配料实证

库存针叶木片原料有12种（已通过初级处理的净木片），各种木片成分及价格见表3.6，表中价格为通过初级料减去损耗折算过来的价格。配料工艺目标见表3.7。采用模糊规划计算配料，结果见表3.8。

对于一般线性规划，由于所有的约束都采用严格约束，配料后各物质一般在指标的上限或下限，但由于自然或人为因素等会造成物料在储存和搬运过程中有所损耗，最终的物料成分不能满足要求，因此利用模糊规划进行配料，通过技术人员的经验来设置置信水平度参数，配料结果会更加满足生产实际的需要。

表3.6 各种木片成分及价格

序号	木片规格	批次	优良木片比率/%	合格木片比率/%	树皮和腐朽木片含量/%	杂质含量/%	价格/(元·t^{-1})	库存/t
1	一级马尾松木片	201005280543	56.00	90.09	0.98	0.04	950	52
2	二级马尾松木片	201002090354	54.32	90.12	1.35	0.18	960	20
3	三级马尾松木片	201004280389	47.52	83.00	1.80	0.48	890	16
4	一级马尾松木片	201005290549	56.23	93.09	0.79	0.03	1 020	80
5	二级马尾松木片	201002130364	54.43	87.12	1.48	0.19	880	68
6	三级马尾松木片	201004280391	48.99	83.48	1.78	0.36	720	43
7	一级杉木木片	201003280543	57.00	92.09	0.79	0.03	952	22
8	二级杉木木片	201002090354	54.39	87.00	1.48	0.20	890	16
9	三级杉木木片	201004280389	46.52	84.88	1.78	0.36	820	72
10	一级杉木木片	201005290549	58.23	94.09	0.91	0.04	980	15
11	二级杉木木片	201002130364	51.47	85.38	1.29	0.16	850	30
12	三级杉木木片	201004280391	49.93	83.48	1.67	0.49	780	21

第3章 林-浆-纸企业生产物流智能配送策略及应用研究

表3.7 配料工艺目标   %

优良木片比率	合格木片比率	树皮和腐朽木片含量	杂质含量
52.00~54.00	92.00~95.00	<1.10	<0.15

表3.8 配料结果(配置100 t物料)

1	2	3	4	5	6	7	8	9	10	11	12
11.95	1.65	30.12	0	3.45	20.54	8.65	2.54	14.25	5.23	0	1.62

3.3 原木库存控制策略研究

企业生产特别在意减少库存,并追求零库存。然而在现场,原料堆场仓库库存积压现象严重,此问题是如何产生的,又该如何解决?日常生产中存在大量的"倒料"现象,浪费严重,该浪费能不能从物料采购阶段着手进行控制呢?本节研究解决库存管理的核心问题。

3.3.1 库存的基本知识

1. 库存的含义和分类

库存是长久以来伴随人类经济活动的一个重要组成部分。简单说,库存是指企业在生产经营过程中为了将来的耗用或者在销售过程中为了将来的销售而储备的资源。狭义的库存是指处于储存状态的物品;广义的库存还包括处于加工状态和运输状态的物品。美国生产与库存管理协会(APICS)把库存定义为"以支持生产、维护、操作和客户服务为目的而存储的各种物料,包括原材料和在制品、维修件和生产消耗品、成品和备件等"。[76]制造型企业的库存一般分为原材料、备件、易耗品、在制品、产成品;流通型企业的库存指用于销售的有形商品及用于管理的易耗品。

库存有多种不同的分类方法,按照企业持有库存的目的可以分为周转库存、安全库存、季节性库存、促销库存、投机库存、战略库存、积压库存、在途库存。

2. 库存是必要的储备也是闲置资源

针对库存是因"储备"而存在,还是因"闲置"而存在,长期以来人们对库存作用的理解存在两种截然相反的看法。"库存是储备"观点认为库存是维持正常生产、应付需求变化和突发性故障所必需的。而"库存是闲置"观点认为库存是一种浪费,它掩盖管理中问题,因此主张消除库存,通过无库存生产方式不断地降低库存水平,暴露管理问题,然后解决问题,使管理工作得到改进,达到一个新的水平。这是一个循环往复、不断改进的过程。

本书的观点:库存是一种必要的储备,同时也是一种闲置资源,它是企业之间或部门之间没有实现无缝连接的结果。最理想的库存就是没有库存,即零库存。但要实现零库存,上游供应链企业就必须保证在本企业进行生产加工时能够恰好以必要的数量在必要的时刻将生产原材料送到,这就要求上游企业要持有库存。并且,实行零库存管理的企业自身即使不持有原材料库存,也需要持有制成品库存,因此,无论怎样,库存在供应链企业中不可避免地存在着。

3. 库存控制模型的相关概念

把库存量控制到最佳,尽量用最少的人力、物力、财力把库存管理好,获取最大的供给保障,并在此前提下不断地降低库存量,是很多企业追求的目标,甚至是企业之间竞争的重要环节。

所谓库存控制是指在保障供应的前提下,为了使得库存物品的种类和数量达到最合理值,而采取的有效措施。库存控制要解决以下3个主要问题:

(1)确定订货量。

(2)确定订货时间。

(3)确定库存基准[51]。

这里先研究常见的库存控制模型。同库存控制模型有关的基本概念有需求、补充、成本等。

(1)需求。根据需求的时间特征,可将需求分为连续性需求和间断性需求。在连续性需求中,随着时间的变化,需求连续地发生,因而库存也连续地减少。在间断性需求中,需求发生时间极短,因而可以将库存的变化看成跳跃式减少。根据需求的数量特征,可以将需求分为确定型需求和随机型需求。在确定型需求中,需求发生的数量或时间是确定的。如生产中对各种物料的需求,一般都是确定性的。在随机型需求中,需求发生的时间和数量是不确定的。如在非合同环境中,很难事先知道需求发生的时间及需求的货品数量[84]。林农供应木料就存在很大的不确定性。

(2)补充。通过补充来弥补减少的库存。从开始订货到库存补充的实现需要经历一段时间,尤其对林-浆-纸企业。

(3)成本。库存系统的成本主要由采购成本、订购成本、库存持有成本(储存成本)及缺货成本组成。对外购物品来说,采购成本应包括商品价格和运费。对于自制物品来说,采购成本则包括人工费、直接材料费和企业管理费用等。订购成本包括提出订货申请单、分析货源、填写采购订单、来料验收、跟踪订货等各阶段支付的费用。储存成本包括储存费用、取暖、制冷、照明费用以及仓库建筑物的折旧费用,盘点和检查库存等管理和系统费用,安全与保险费用,货品损坏与废弃造成的损失。缺货成本是由于供应中断,而使客户的订货不能很好地满足而造成的损失。

4. 常见的库存控制模型

按货品需求速率和订货提前期是否为确定值,常见的库存控制模型分为确定型库存模型和随机型库存模型。确定型库存模型分为定量订货模型(连续性检查库存模型)和定期订货模型(周期性检查库存模型)。随机型库存模型,则较为复杂,需要确定安全库存量。

(1)定量订货模型。定量订货模型的原理:预先确定一个订货点(货品数量),在日常管理中连续不断地监控库存水平,当库存水平降低至订货点时,则发出订货。

经济订购批量(Economic Order Quantity,EOQ)库存模型[77]是定量订货模型中常见的一种。其原理是平衡订货成本、储存成本,寻求使得包含采购成本、订购成本、储存成本在内的总库存成本最小的订货批量。按库存的补充速度,EOQ模型又分为瞬时到货、持续到货两种情形。此模型假设货物能够在瞬间完成补充,实际情况却不是这样,而是需要一段时间才能完成库存补充。

(2)定期订货模型。定期订货模型的原理:预先确定一个订货周期 T 和一个最高库存量 Q_{max};每隔一个固定的订货周期 T,检查一次库存并发出订货,订货批量的大小为最高库存量 Q_{max} 与库存余额的差。定期订货模型仍假设库存的需求速率是固定的,但它假设订货批量是变化的,而订货周期是固定的。与上述定量订货模型一样,定期订货模型也分为瞬时到货和持续到货两种情形。

3.3.2 原木生命周期及倒料问题解决方案

为了解决库存管理实际问题,需要先研究存储物品的生命周期及库存成本。

从原木(木片)订购到加工用净的历程来看,营林时间及在库时间较长,而用来进行生产加工的时间相对来讲则非常短,平均在 1 h 左右,但由于存在反复"倒料"的现象,所以给其取了个大概值:2 d。从订货到入库的时间是订货提前期,可见其订货提前期较长。但也有一些从订货到实际入库时间间隔不到 1 个月的木料。

木料的库存成本随着原木生命周期的增长而增加。车间内物流成本随着倒料作业、置场调整作业发生次数的增加而大幅度地增大。木材储存成本和物流成本随着货物堆垛的混乱加剧而增高。

原木加工成木片或外购木片经筛选合格后,因排产不合理不能直接投入制浆生产,而是转运到木片仓直接存储,这称为倒料。倒料会带来很大的浪费:

(1)装载机重复运输带来的作业浪费。

(2)物料存储带来的仓库浪费。

(3)物流跟踪复杂,带来管理浪费。

倒料的存在造成了巨大生产浪费,此问题困扰了企业多年,而没有得到解决。其原因有生产方式的因素,有制定生产指示的问题,也有木料订购的问题。"先入先出"原则会造成"倒料"。

先入先出,即先入库的要先使用。其作用如下:

(1)防止木料因积压过期而产生朽木。

(2)仓库合理存放货物的基本要求。

但"先入先出"与"倒料"是一对矛盾。例如,制定生产指示选用原木时,即使有一个批次原木 A 刚好合适,不需要倒料,但有一批比它早入库的原木 B,也要先用原木 B。可见,在这种能够不倒料的情况下,坚持"先入先出"就必然要倒料,到目前为止,企业还是优先坚持"先入先出"原则。鉴于此,本书考虑在"先入先出"原则和"尽量不倒料"原则中选择一个折中方案,即设一个阈值期限来解决这个问题。

定义(阈值期限 T_{max}):对于一个生产物料候选对象来讲,如果当前日期超过了某一期限 T_{max},那么该物料必须按"先入先出"原则被优先选用,则称 T_{max} 为该木料的阈值期限。

阈值期限有多种计算方法,本书提出如下 3 种:

(1)采用使用期限的提前天数,如有效使用期限 ENDTIME 之前的第 15 天为阈值期限,即 $T_{max}=$ENDTIME-15。

(2)设置一个阈值比率(K),将木料的可在库天数 T_{max} 乘以阈值比率(K),加在入库日期 INDATE 之上而得到的日期为阈值期限,即 $T_{max}=$INDATE$+T_{max} \cdot K$。

(3)采用以入库日期为基准的方法,如入库 30 天后,必须优先使用,即 $T_{max}=$INDATE$+30$。

以上指出"倒料"带来了巨大的浪费,并给出了一个"阈值期限"的方法,用以减少因生产指示制定的不合理而带来的"倒料"浪费。此时,"倒料"问题还没有从源头进行解决。从根本上解决"倒料"问题,还需要与木料订购结合起来。道理很简单,只有采购量与生产量保持高度一致,倒料才不会发生。如果生产一次所需要的木料是 50 t,而订购的木料却是 70 t,那么就必然要"倒料"。而这又暴露出了一对矛盾体——"倒料"与"供应链生产方式"。如果是"押入生产方式",就可以将多出的 20 t 原木或木片也加工成产品,免得"倒料"浪费。但在企业管理方式中,这种做法就是"生产过剩"浪费;只能生产必要数量的产品,所以多出的 20 t 不能进行生产,要"倒料"。

虽然该生产方式导致了更多的"倒料",但企业仍坚持采用这一生产方式,因为该生产方式就是要暴露问题、解决问题。因此,只能控制进厂木料的品质和质量,意即订货时就明确说明所订木料的品质,不满足此要求的木料应退货。但这有执行上的困难,据调查,绝大部分木料供应商不能控制木料的品质。这与行业特性有很大的关系。但笔者相信,这些困难都是可以逐渐克服的,经过与供应商进行协调和不断改善木料生产监控措施,能实现"木料品质可定制"的目标。

基于此,本书给出"倒料"问题的解决方案为:

(1) 分类统计各类木料每进行一次生产所消耗的平均质量 P_1。

(2) 确定订货单件质量 G,使它接近木料供应商平均供应的木料质量,并考虑浪费量,即

$$G = P_1/N + W_1$$

式中　N——正整数;

　　　W_1——单次生产的平均浪费量。

(3) 以计算出的订货单件质量为准,发出订货要求。

(4) 在制定生产指示时,采用给出的"阈值期限"方法平衡"不倒料"和"先入先出"两项目标,选择最佳生产用木料。

(5) 在制定生产指示时,若木料仅有少量剩余,那么允许全部加工完毕。这是由于控制了木料的质量,这些多加工出来的产品数量必然会很少,因此就没必要再倒料。

该方案从木料采购到生产使用等多方面进行控制,能有效减少倒料。

3.3.3　原木库存控制策略

库存存在过剩浪费的原因主要是采用手工管理的低效方法,而没有高效的库存控制手段。本章已经研究过几个库存控制模型,它们建立的假设条件都是库存需求速率稳定、库存补充速率稳定、订货提前期固定。但是现实中,这些都是波动变化的。

随着计算机技术的发展,短时间内对大量数据进行复杂运算已经成为可能,人们为解决这些模型的缺陷,逐渐发展出了物料需求计划(Material Requirement Planning,MRP)及ERP理论。本书也是基于这种思路,采用计算机系统进行复杂运算,以实现对库存的有效控制,只是在实现策略上有所不同。

本书提出一种基于"生产计划—时间窗"的滑动窗口库存控制策略。由于林-浆-纸企业生产方式下,企业一般会提前制订近半年的月生产计划,虽然月生产计划量会有波动,但受限于企业均衡生产的要求,波动不是很大,因此这些生产计划与实际需求数量之间的差值就比较小,用生产计划模拟实际需求的可信度就比较高。于是便可以根据此生产计划,配以产品的结构属性,计算出各种木料的库存

需求量,减去每种木料的实际在库量及已经发出订货但还没有到货的木料数量,便是需要订货量。即

$$Q = Q_s + \sum_{i=1}^{n} 浆板生产计划 \times T - \sum_{k=1}^{m} 实际在库量 - \sum_{j=1}^{p} 已订货但未到货量$$

(3.20)

式中 Q_s——安全在库量;

T——浆板得率;

实际在库量——仓库中现有原木(木片)质量;

已订货但未到货量——已经发出订单,但还在供应商仓库或在运送路途中的原木质量。

式(3.20)可以表示所有原木的总需求量,也可以单独计算某一种原木的需求量。

计算机系统用公式自动计算每种原木的需求量 Q,如果订货量达到一定标准,如达到60 t以上,那么就发出订货。其中,统计生产计划的时间范围便是一个时间窗口。如图3.21所示,第一次订货时,时间窗口范围是1—4月;下次订货时,该时间窗口是2—5月。可见其不断地进行滑动。相邻两次滑动之间有一定重叠,重叠区域内的生产计划可能会被修改,如第二次订货时4月份的生产计划已经被改成另一个值了,那么第二次统计时,就需要使用修改后的值进行计算。

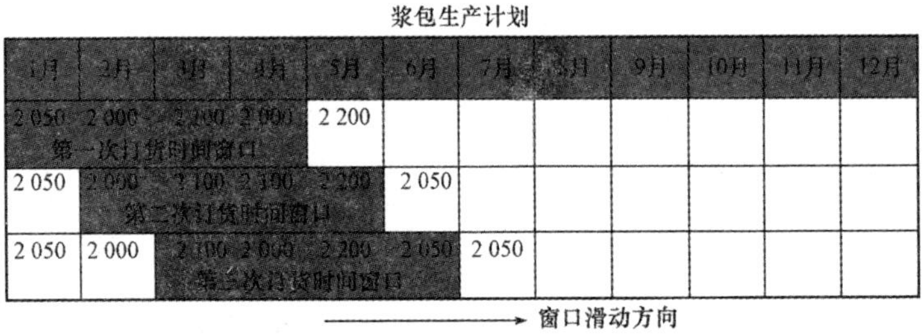

浆包生产计划											
1月	2月	3月	4月	5月	6月	7月	8月	9月	10月	11月	12月
2 050	2 000	2 100	2 000	2 200							
第一次订货时间窗口											
2 050	2 000	2 100	2 100	2 200	2 050						
第二次订货时间窗口											
2 050	2 000	2 100	2 000	2 200	2 200	2 050					
第三次订货时间窗口											

→ 窗口滑动方向

图3.21 基于"生产计划—时间窗"的原木库存控制策略

这里需要量化的内容包括:

(1)安全在库量的计算。设置安全在库量的初衷是防止因需求波动而导致木料不足供应生产的问题或者由于生产线故障导致产品不足供应客户的问题。安全在库量一般按下式计算:

安全在库量=安全系数×最大订货提前期×需求变动速率

在实际执行时,本书采用如下计算方法:

$$Q_s = \bar{d} \times T_s$$

(3.21)

式中 $\bar{d}$——平均库存需求速率,采用月生产计划除以天数的平均值(T/天);

T_s——企业定义的安全在库天数(天)。

(2)订货提前期的确定。一般根据各种木料的实际提前期设定,选其平均值。

(3)"生产计划—时间窗"的窗口长度确定。如果窗口长度长了,就会存在库存积压、成本增加的危险;如果短了,又有缺货的风险。窗口长度应是订货提前期 L 加上一个浮动值 X,X 的确定可以先由系统给出推荐值,再由管理员进行设定。浮动值有多种选择,可采用与生产计划相同的周期,如若每月下发一次生产计划,那么窗口长度为订货提前期 L 加一个月;还可以细化到旬,即窗口长度为订货提前期 L 加一旬,一旬的生产计划量按 1/3 月生产计划量处理。

(4)当前月生产计划量的计算。可以采用从计算当天开始到当前月月底这一段时间的生产计划量,但如果生产实际与生产计划差别较大,这种计算方法就会有些偏差,如昨天的计划还有相当一部分没有完成。要和生产管理结合起来,统计生产计划的执行情况,仅将当月没有执行的生产计划统计在内。

(5)已订货但未到货的木料数量的计算。由于原木是陆续到货的,因此在路途中或者在造纸林基地里的原木(已有契约关系)也需要视为实际在库计算。这部分计算也有些复杂,系统需要将订货数量和实际入库数量做差求出,而这通常需要记录入库原木对应的订单信息。

(6)订货时间的确定。如果需求数量远远小于一个浆包的质量,那么显然就没有必要发出订货。发出订货的数量是由专业的管理员根据系统计算结果圆整后制定。

3.4 装载机生产调度算法研究

林-浆-纸企业生产物流智能配送系统要解决的另一大课题就是进行出/入库生产调度。木料生产主要通过装载机完成,浆包搬运主要通过堆垛机或叉车完成,因此要实现这些搬运设备生产自动化调度,在保证调度可行性的基础上,做到调度合理化、均衡化、可执行生产唯一化、流程最优化。车间生产调度问题是典型的组合优化问题,是 CIMS(计算机集成制造)领域的重要研究内容。存储策略和货位分配规则的确定为计算这些搬运生产提供了有力保证。

3.4.1 装载机生产调度概述

1. 装载机的出/入库能力计算

传统计算装载机的工作循环时间是通过设定装载机位置来实现的,但是随着控制方法的先进化,计算也发生了变化。其方法是求出装载机从入库工作台开始到达全部货位时间的平均值,有平均单循环时间和平均复合循环时间。

(1)平均单循环时间。装载机从出/入库工作台到达所有货位时间的总和除以总货位数的值称作平均单循环时间。如图 3.22 所示,单循环时间计算如下:

$$T_s = \frac{\sum_{j=1}^{m}\sum_{k=1}^{n} t_{jk} \times 2}{m \times n} + 2t_f + t_i \tag{3.22}$$

式中　T_s——平均单循环时间(s);
　　　j——货架列数,1,2,…,m;
　　　k——货架层数,1,2,…,n;
　　　t_{jk}——装载机(堆垛机)单边运动到某货位的时间(s);
　　　t_f——货叉取货时间(s),即在出/入库工作台或在货位处货物移动的时间;
　　　t_i——浪费时间(s)。

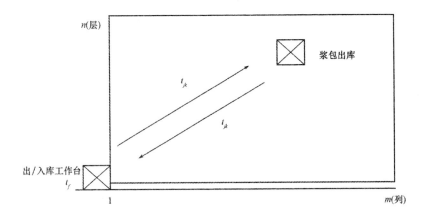

图 3.22　单循环时间计算

(2)平均复合循环时间。

$$T_D = \frac{\sum_{j=1}^{m}\sum_{k=1}^{n} t_{jk} \times 2}{m \times n} + t_t + t_s + 4t_f + t_i \tag{3.23}$$

式中　T_D——平均复合循环时间(s);
　　　t_t——平均货位之间移动时间(s);
　　　t_s——出/入库工作台之间的移动时间(s)。

其他符号意义同前。

出/入库为一个工作台的平均复合循环时间,如图 3.23 所示。

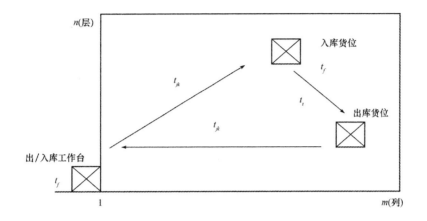

图 3.23 出/入库为一个工作台

出/入库工作台分开和在不同层上的平均复合循环时间,如图 3.24、图 3.25 所示。

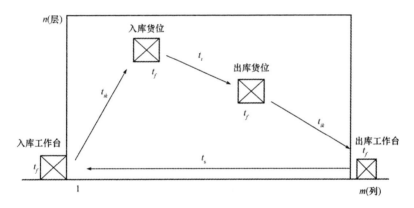

图 3.24 出/入库工作台分开

(3)装载机的基本出/入库能力。装载机的基本出/入库能力即每小时入库或出库的装载单元数。

①平均单循环时间的基本出/入库能力。
$$N_s = 3\,600/T_s (个/h) \tag{3.24}$$

式中 N_s——每小时入库或者出库的装载单元数;

T_s——平均单循环时间(s)。

②平均复合循环时间的基本出/入库能力。
$$N_D = 3\,600/T_D \times 2 (个/h) \tag{3.25}$$

式中 N_D——每小时入库或者出库的装载单元数;

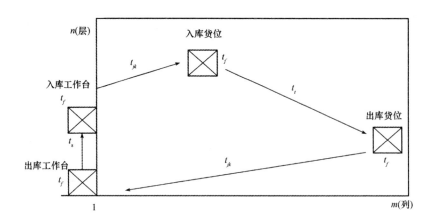

图 3.25　出/入库工作台在不同层上

T_D——平均复合循环时间(s)。

2. 装载机作业种类

按车间作业需要，装载机作业可分为以下类型：

(1)原木或木片按作业指示搬运所需质量，多余的木料放回仓库。

(2)投入：将木料搬运到生产线准备生产。

(3)临时取消：被计划用作加工原材料的木料，在正式加工前的任何一个阶段都可能被取消加工计划。

(4)入库：原木或外购木片放入仓库。

(5)外购木片经过筛选后，净片重新入库。

(6)原木加工成木片后，净片入库。

(7)退货出库。

(8)质检：对外购木料进行取片检验。

(9)位置调整：位置变动。

(10)跨线出库：木片从一条生产线，转移到另外一条生产线加工使用。

这些作业在同一部装载机上可能同时存在，但有个基本的优先级设定，如生产出库作业优先于入库作业。

3. 装载机作业问题的提出

目前，装载机作业的管理办法是管理员口头传达作业指令或者给操作工一个入库或出库的单子，操作工根据自己的喜好随意决定作业内容，随意找目标位置存放木料，致使作业混乱、效率低、错误率高，常常发生让外来运送木料的卡车等待很长时间的现象。这种做法存在很多的浪费和不合理之处。如：

第3章 林-浆-纸企业生产物流智能配送策略及应用研究

(1)人工管理这种复杂的、随机变动的多种类混杂作业是困难的、不奏效的。

(2)纸质看板管理也是不奏效的,因为它打乱了看板"一个流"流动的原则,在装载机操作工这里变成了混流,而且采用人工抄写装载机作业结果再反馈给系统的作业方式,会带来错误率高、信息流动滞后等诸多问题。

因此,如何实现装载机作业的自动化调度自然就成了一个需要研究解决的课题。由于要调度的对象是装载机(一种操作安全性要求极高的设备),且仍需要有人对其进行操作,因此装载机作业指示就需要发送给装载机操作工去执行。

装载机作业调度所要解决的具体问题:如何根据生产计划、外来木料送货单、库存计划等来自各部门的使用木料的需求自动生成装载机作业指示;如何分配作业任务到不同的装载机去执行;如何指示装载机在必要时运送必要的木料以及在什么时刻发送作业指示;如何确定作业顺序;如何保证混杂在一起的多种作业能在各装载机上有条不紊地进行而不发生死锁现象;如何根据车间实际情况的变化自动更正已经发布的作业指示;如何监控作业的执行情况;如何保证作业不被错误地执行。

4. 装载机作业调度问题概述

(1)装载机作业调度问题描述。将原木或木片视为一个工件,将装载机作业视为对木料的一种特殊加工处理,将每次搬运过程视为一个加工工序,那么装载机作业调度可以理解为一种特殊的车间作业调度。此车间作业调度问题(Job-Shop Scheduling Problem,JSSP)可以表述为有 n 种木料$\{J_1, J_2, J_3, \cdots, J_n\}$要在 m 台机器$\{M_1, M_2, M_3, \cdots, M_m\}$上加工,每种木料包含一个由多道工序组成的工序集合$\{O_{ij}\}$,其中 O_{ij} 表示第 i 种木料的第 j 道工序。木料的加工顺序是预先给定的,每道工序的加工时间虽然会有波动,但是可用其平均值处理。此外,对机器和木料还有一些基本约束条件:

①同一种木料的工序之间存在执行先后顺序的约束。
②不同木料的工序之间没有先后约束。
③工序优先权不同,一道工序可能同时需要两台以上的机器资源。
④工序一旦进行,就不能中断。
⑤每台机器一次只能加工一种木料。
⑥同一时刻、同一种木料只能在一台机器上加工。
⑦一种木料的加工可能会带动相邻木料的加工。
⑧允许一种木料在其他机器上加工之后,返回原机器再次进行加工。
⑨操作允许等待,即前一个操作没有完成,后面的操作可以等待。

其中,第③、⑦、⑧条约束是其与常见车间作业调度的不同之处。

作业调度所要解决的问题:确定各台机器(装载机及其他共享机器)上木料的

加工顺序，合理分配资源，使调度结果满足预先设定的调度目标。

完全多项式非确定性问题可以通过穷举法得到答案。由于这种算法的复杂程度与其输入数据量为指数关系，因此计算的时间随问题的复杂程度呈指数级关系增长，很快就变得难以计算。

验证一个装载机作业调度实例是否可行，这是一个 P 问题。P 问题是指能够在多项式时间内求解的判定问题（判定问题指只需要回答"是"和"否"的问题）。但若求解装载机作业调度的最优解，则它是一个 NP－Hard 问题（难解的 NP 问题）。而 NP 问题是指那些"猜算"结果能够在多项式时间内被验证是否为一个解的问题。

（2）装载机作业调度的目标。装载机作业调度所要实现的目标如下：

①在必要时指示装载机运送必要的原木（木片）到必需的位置。因此，要恰当选择作业指示的发送时间，恰当分配资源。

②可执行作业唯一化。即装载机只有执行第一条作业指示的权力，没有选择要执行哪条作业的权力，因此要确保作业调度的实际可操作性。

③装载机运动的目标位置计算（货位计算）要达到存储策略综合目标最优。货位计算结果要确切、唯一，且不能发生撞车现象。

④总作业时间最短，或者说，所有作业都要提前照顾到生产出库作业时装载机运动距离最短这一目标。

⑤人员、设备利用率最大，平均延误时间最短，等待时间最短。

⑥调度系统操作简单，易于接受和理解，运行稳定。

（3）装载机作业调度问题的特点。实际的装载机作业调度问题具有以下特点：

①复杂性。由于作业调度问题是在等式或不等式约束下实现性能指标的优化，计算量巨大，因而使得一些常规的优化方法往往无能为力[73]。

②工序的不确定性。在实际生产环境中，加工顺序可能是动态变化的，一个好的调度方案应该对各种加工顺序有高度的弹性。

③动态随机性。在实际生产过程中有大量的随机事件，如急件、缺货、缺勤、机器故障、入库作业的不确定性，以及加工时间的变化，都会对作业调度方案产生影响。

④多目标调度。实际的调度往往是多目标的[74]、实时的，并且这些目标间可能发生冲突。由于受工序加工路线的约束，作业调度问题不容易确定一个自然表达式。

3.4.2　装载机生产调度问题模型及改进

1. 析取图模型

基于上述分析的装载机生产调度问题可用图论形式的数学模型——析取图模

型来表示。析取图由 Roy 和 Sussman 于 1964 年提出,此后在 Job Shop 调度问题的实例描述中得到了广泛的研究和应用。析取图 $W=(M, B, H)$ 定义如下:M 是顶点集合,对应于所有工序的集合(包括两个虚拟工序,分别表示开始和结束);B 是有向边集合,表示同一种木料的各道工序间的顺序约束关系,在图中用单向实线表示;H 是析取边集合,它是一个无向边集合,表示在同一机器上进行加工的工序间的互斥关系,在图中用虚线表示。析取边集合又分为子集合 $H=H_1 \cup H_2 \cup \cdots \cup H_k$,其中 H_k 表示第 k 台机器上的工序集合。

图 3.26 是 3 个工件、多台机器的析取图实例,这里的机器包括装载机、电子称量(虚拟成机器)、原木链式上料机、剥皮机。其中原木和外购木片加工包含 4 道工序(生产出库、电子称量、投入、加工),净片包含 4 道工序(跨生产线出库、送料、投入、加工),分别对应工序的节点集合,其中 O 和 $*$ 是虚设的起始工序和终止工序,$N=\{O, O_{11}, O_{12}, O_{13}, O_{14}, O_{21}, O_{22}, O_{23}, O_{24}, O_{31}, O_{32}, O_{33}, O_{34}, *\}$。连接边集合 $A=\{(O_{11}, O_{12}), (O_{12}, O_{13}), (O_{13}, O_{14}), (O_{21}, O_{22}), (O_{22}, O_{23}), (O_{23}, O_{24}), (O_{31}, O_{32}), (O_{32}, O_{33}), (O_{33}, O_{34})\}$ 是由各工件的前后工序组成的工序对约束。非连接边集合 $E_1=\{(O_{11}, O_{13}), (O_{11}, O_{21}), (O_{11}, O_{23}), (O_{11}, O_{34}), (O_{13}, O_{21}), (O_{13}, O_{23}), (O_{13}, O_{34}), (O_{21}, O_{23}), (O_{21}, O_{34}), (O_{23}, O_{34})\}$ 对应装载机 1 的搬运操作。本书给出调度的定义。

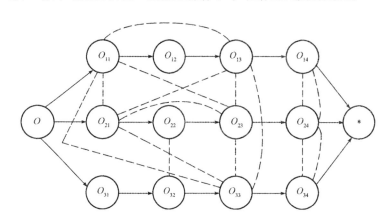

图 3.26 出/入库生产调度问题析取图

实线表示加工路径,虚线表示同一台机器上加工

定义(调度):选择一个调度就等同于选择一个有向图 $W=(M, B, H)$,$H=H_1 \cup H_2 \cup \cdots \cup H_k$,其中确定 M、B 就是根据现场情况确定要安排加工的工件及各工件的工序链,确定 H_k 就是确定机器 k 上的加工工序及其先后顺序,或者说选取一条依次遍历与机器 k 有关的所有顶点(工序)的有向连通路径,则图 W 称为一个

调度。

为了研究此问题,本书需要对现有的析取图模型进行改进。

2. 改进后的析取图模型

上述析取图模型主要考虑了后工序对前工序的依赖,没有考虑装载机生产作为前工序时也对后工序存在依赖关系,这种依赖关系说到底是一种资源共享互斥问题。上述析取图模型只能描述一个工序对一台机器的资源占用问题,但不同的是,装载机生产所依赖的是两台机器:一是装载机;二是运动的目标位置(备料设备等)。需要做出改进,才能求解这种生产调度问题。相关文献虽然研究了不同工件间的工序相关性问题,但其所做的改进仍不能解决这种问题。

上述析取图模型中的合取弧都是从前工序指向后工序的单向连接,表述了后者对前者的依赖。因此,有必要增加一种从后工序指向前工序的依赖关系,它表示这样一层含义:后道工序所使用的机器资源已经获得,前道工序(装载机生产)才能进行。

改进后的析取图 $W=(M,B,R,H)$ 定义:M 是顶点集合,对应于所有工序的集合(包括两个虚拟工序,分别表示开始和结束);B 是有向边集合,表示同一个工件的各道工序间的顺序约束关系,用单向实线表示,若前工序需要多台机器,且和后工序共用同一机器,则存在从后工序到前工序的资源共享依赖关系,在图中用双向实线表示;R 描述不同工件间的使用多机器资源的工序释放资源顺序约束关系等工序相关约束关系,在图中用单向实线表示;H 是析取边集合,表示在同一机器上进行加工的工序间的互斥关系,在图中用单向虚线表示,析取边集合又分为子集合 $H=H_1 \cup H_2 \cup \cdots \cup H_k$,其中 H_k 表示第 k 台机器上的工序集合。

改进后的析取图实例如图 3.27 所示。其中 O_{11} 是生产出库装载机生产,O_{12} 是称量生产,O_{11} 除了需要装载机这一资源外,它还和工序 O_{12} 需要相同的电子称量资源,当 O_{12} 预约这种资源的使用权后,O_{11} 才能开始;并且,一旦 O_{11} 完成,电子称量机器的使用权就立即被 O_{12} 占据,中间不可能被其他工序抢走此机器资源。而 O_{12} 和 O_{13}("投入"生产)两道工序间则仅仅存在单向的顺序依赖关系,O_{12} 能否开始并不受 O_{13} 的约束。

改进的析取图还增加了工件间的工序约束,见图 3.27 中 O_{13} 指向 O_{22} 的箭头,它表示工序 O_{13} 完成后,才会释放 O_{22} 所需要的机器资源,即两者间存在资源共享顺序约束。这里没有出现 O_{23} 指向 O_{12} 的约束,是因为此调度中 O_{13} 先于 O_{23} 被执行,并且两工件间对于同一机器资源的共享顺序约束能且仅能出现一次。

改进后,才能够有效判定死锁等不可行调度问题,有助于作业调度问题的求解及求解结果是否为可行调度的快速判定。

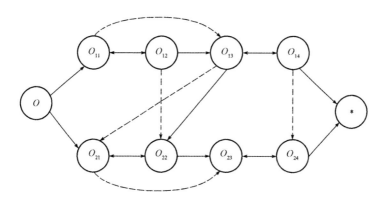

图 3.27 改进后的析取图实例

3. 死锁与不可行调度

若资源分配不当,一个调度可能会发生死锁现象。死锁最初是在研究计算机操作系统的资源分配问题时被提出来的,Coffman 给出了发生死锁的 4 个必要条件:

(1)互斥:资源只能空闲或被某一个确定的任务占用,资源不能同时被两个以上的任务占据。

(2)非抢占:资源不可抢占,只能被占用它的任务自愿释放。

(3)占用并等待:占用某部分资源的任务请求新的资源,而新的资源被其他任务所占据。

(4)循环等待:存在一组资源请求 $\{O_1, O_2, \cdots, O_n\}$,其中 O_1 等待 O_2 占据的资源,O_2 等待 O_3 占据的资源,以此类推。

图 3.28 是一个存在死锁的调度,其调度的是两个工件的加工顺序。各工件的工序链如下。

工件 1:O_{11},O_{12},O_{13},O_{14}

工件 2:O_{21},O_{22},O_{23},O_{24}

其调度结果为:

机器 1:O_{11},O_{21},O_{13},O_{23}

机器 2:O_{12}

机器 3:O_{22}

机器 4:O_{24},O_{14}

机器 4 先要完成工序 O_{24},即先加工工件 2,按照工件 2 的工序链约束,要先完成工序 O_{23};根据机器 1 的加工顺序约束,那么就要先完成工序 O_{13};由于 O_{13} 和 O_{14} 是一个共同体,即 O_{13} 预约机器 4 的使用权,O_{13} 完成后 O_{14} 立即占有机器 4,直

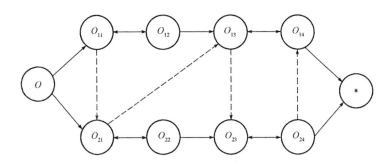

图 3.28 死锁问题

到 O_{14} 完成后,才会释放机器 4 这一资源。因此,机器 4 先被 O_{14} 占有,不可能先进行工序 O_{24},于是就会发生这样的现象:O_{24} 等待 O_{14} 释放资源,而 O_{14} 则等待 O_{24} 先执行,出现了循环等待,而发生死锁。

可以看出,图 3.28 所示的死锁析取图中,存在有向环 $O_{13} \to O_{23} \to O_{24} \to O_{14}$。而在传统的析取图上,是不存在此有向环的。可见,改进后的析取图有助于判定调度是否可行。

图 3.29 为另一种死锁不可行调度,它违背了工件间的资源共享顺序约束(工件间工序相关性)。此调度中,O_{12} 和 O_{22} 是在同一台机器上完成。当 O_{11} 完成时,电子称量位资源立即被 O_{12} 占据。因此,工序 O_{21} 根本无法开始。如果 O_{21} 被强制执行,那么便会发生死锁。可以看到,图中存在多个有向环,如 $O_{11} \to O_{21} \to O_{23} \to O_{12}$。

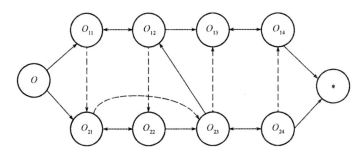

图 3.29 工件间资源共享顺序逆反不可行调度

图 3.30 是另外一种不可行调度,它违反了工件的工序链前后约束,即后工序不能先于前工序被执行,称为工序逆反不可行调度。它也存在有向环 $O_{11} \to O_{12} \to O_{13} \to O_{11}$。基于上述分析,本书给出调度是否可行的判定定理。

定理(可行调度判定定理):一个调度为可行调度的充要条件是对应的改进后的有向析取图中不包含单向回路。

第 3 章 林-浆-纸企业生产物流智能配送策略及应用研究

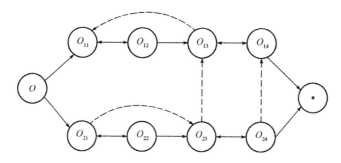

图 3.30 工艺顺序逆反不可行调度

证明：上述定理等价于如下命题：一个调度为不可行调度的充要条件是对应的改进后的有向析取图中含有单向回路。本书通过证明此命题来证明上述判定定理。

充分性证明：如果改进后的有向析取图中含有单向回路，那么此单向回路分为两种情况。一是同一个工件内形成回路，如图 3.29 所示，必然是后工序先于前工序被执行，为不可行调度。二是两个以上工件间形成回路，这又分为两种情况：①回路内含有工件间资源共享顺序约束弧，如图 3.29 所示的 $O_{23} \rightarrow O_{12}$，若去掉此约束弧，可以看到调度的工序流向是 $O_{12} \rightarrow O_{23}$，与此约束弧方向正好相反，为不可行调度；②回路内不含工件间资源共享顺序约束弧，如图 3.28 所示，若去掉出现较晚的一条析取边 $O_{24} \rightarrow O_{14}$，则调度的流向为相反的方向 $O_{14} \rightarrow O_{24}$，仍为不可行调度。图 3.26 中的双向合取弧所连接的两个工序是一个密不可分的共同体，某一项机器资源是在前者释放后，就立即被后者获得，因此 O_{14} 较 O_{24} 先获得机器资源，因而应先执行。

必要性证明：若一个调度为不可行调度，则它有两种可能。①违反了工件的工艺顺序约束，即后工序先被执行，那么必然出现同一个工件内的单向回路或者多工件间的单向回路。这是因为，从后工序出发的析取弧，经过其他工序后，最终要流到前工序，并从前工序流向后工序，从而形成回路。②工件间资源共享冲突，相互等待，而发生死锁。对于传统的析取图，死锁发生时，不一定有单向回路，但是对于本书做了改进的析取图，必然存在一条单向回路，这是因为改进后的析取图能全面描述相互等待的情形。首先，若违反了工件间资源共享顺序约束（工件间相关性约束），那么会出现单向回路；其次，同一工件内，若描述需要多台机器资源的工序的双向合取弧两头的工序流向相反，则会出现单向回路。证明完毕。

在图论中，人们常常采用如下两个定理判定有向图中是否存在回路：①有向图中包含单向回路的充要条件是存在一个子图，子图中所有顶点满足：入度 $ID(v) > 0$，

出度 $OD(v)>0$。②有向图 G 中不包含单向回路的充要条件是 G 能通过 w^- 过程去掉所有的顶点。所谓 w^- 过程,是指对于有向图中的一个顶点 v,如果 $ID(v)>0$ 或者 $OD(v)>0$,则去掉顶点 v 及所有与其连接的边的过程。本书所提出的双向合取弧,表示既入又出,不入不出,连接的是一个共同体,不参与入度和出度的计算。

3.4.3 常见生产调度算法

解决这类车间生产调度问题的算法有模拟退火算法、禁忌搜索算法、遗传算法等。下面针对它们的特点和局限性做比较分析,目的是寻求适应装载机生产的智能化调度改进算法。

1. 模拟退火算法

模拟退火算法主要是通过观察热物理现象启发而来的,其依据是固体物质退火过程和组合优化问题之间的相似性。物质在加热时,粒子的热运动增强,无序程度加剧,之后进行退火,粒子热运动减弱,并逐渐趋于有序,最后达到稳定,最终的分子次序反而会更加有序,内能比没有加热前更小[85]。模拟退火算法的基本思想是将一个组合优化问题比拟成一个物理系统,将组合优化问题的目标函数比拟成物理系统的能量,通过模拟物理系统降温以达到最低能量状态的退火过程,而获得组合优化问题的全局最优解。其求解步骤:先确定一个初始调度方案 X_0 和初始温度 T;随机产生一个新方案 X_1,如果新方案的目标函数比初始方案小,则接受新方案,否则,按概率接受当前解,即当 $\exp[(F(X_0)-F(X_1)]/T>$ random $[0,1]$ 时,接受调度方案 X_1。温度按设定参数衰减,并重复上述步骤,直到系统温度达到终止温度。为了得到比较优的解,模拟退火算法往往采取慢降温、多抽样、把"终止温度"设得比较低等做法,导致算法运行时间比较长,这也是模拟退火算法的一大缺点。

2. 禁忌搜索算法

若想找到"全局最优解",就不应该执着于搜索某一个区域。局部搜索的缺点就是只对某一个局部区域以及其邻域进行搜索,导致"一叶障目,不见泰山"。禁忌搜索(Tabu Search,TS)就是为了避免这种陷于局部的搜索,将找到的一部分局部最优解列入禁忌表,有意识地避开它们,从而获得更多的搜索区间;但是,如果经过规定的搜索次数后,禁忌表中的某一个候选解相对于其他解的优势特别明显,那么就把此解从禁忌表中解禁出来,在其邻域继续搜索;如此重复,直到候选解与估计的最优解的距离小于某个范围时或者经过一定迭代次数后候选解长时间没有变化时终止搜索。

禁忌长度是被禁对象不允许选取的迭代次数。长度越大，越容易跳出局部最优区域，但有可能引起目标值收敛速度过小，影响算法效率。一般采用非定长的禁忌长度，在算法运行之初，禁忌长度较小，以使目标值尽快收敛；随着最优目标值变小，禁忌长度相应增加，以利于跳出局部最优解。

3. 遗传算法

遗传算法(Genetic Algorithms，GA)是在20世纪六七十年代由美国密歇根大学的John H. Holland教授及其学生和同事创立的，并被De Jong完善。遗传算法的思想源于达尔文的进化论和孟德尔的遗传学说。达尔文的进化论认为生物发展过程是一种优胜劣汰的自然选择进化过程。孟德尔的遗传学说认为每个细胞中封装着一种指令遗传码，以基因的形式包含在染色体中。基因杂交和基因突变可能产生更适应环境的后代，通过优胜劣汰的自然选择，适应性高的基因结构便会被保存下来。

用遗传算法求解调度问题时通常基于这样的思路：首先将所有工件的每一道工序视为一个基因，然后将所有工序的排列定义为一条染色体，基因的排列顺序就是工序的实现顺序，随机产生的染色体通过进化达到最大程度的环境适应性。

遗传算法进行求解的基本步骤：首先确定问题的求解空间，从求解空间中任选 N 个可行解组成初始种群，对这 N 个个体进行基因-染色体编码。计算出种群中每个个体的适应度函数值，运用复制算子，使适应度函数值高的个体具有更多的繁殖机会，再运用交叉、变异等遗传算子产生下一代群体。对新的群体进行评价，若找到满足问题要求的最优解，则结束；否则，计算新群体中个体的适应度函数值，重复上述过程。由于适应度函数值高的染色体被选中的概率较高，所以经过若干次迭代后，GA算法收敛于最好的染色体，它很可能就是问题本身的最优解。

3.4.4 装载机生产智能化调度算法

模拟退火算法是一种通用性强和优化程度较高的随机搜索算法，但存在无法利用专家知识和求解速度比较慢等缺点；遗传算法在车间生产调度问题中尽管已得到不少应用，但本身存在易陷入局部优化解的早熟问题[75]以及编码适应性方面的不足；加上生产调度还存在很多的影响因素和特殊问题，对优化算法提出了很高的要求。因此，有些学者尝试将这几种算法混合在一起使用。

本书更注重专家知识的应用，寻求一个基于规则推理的、具有反馈机制的、快捷的生产调度求解算法，它不是将每个工件的所有生产计划一次性罗列出来进行优化组合，而是将每个工件当前等待进行的工序列出来进行优化求解。也就是说，将前道工序和后道工序进行隔离，在没有给前道工序做出调度的情况下，进行后道工序的调度是没有意义和白白浪费精力的。一旦前道工序完成,那么将前道工序去掉,将后道工序纳入,根据机器资源的负载情况,重新进行生产调度。本算法的特点是:

(1)注重知识工程(Knowledge Based Engineering,KBE)的应用。

(2)根据机器资源的负荷,只调度必要的生产。

(3)调度不是一次性完成的,一道工序完成后,会重新进行求解,计算出当前形势下的最优调度。

(4)调度系统是具有反馈机制的闭环监控体系,根据当前的生产情况,自动对调度结果进行调整。

该算法的求解过程如图 3.31 所示,N 个工件要在 M 台机器上加工,每个工件的加工工艺由一系列工序组成,首先,对这些工序进行分离,提取出可以执行的工序,即不是将所有工序都拿进来进行求解,而是调度必需的工序,因此调度问题就具体化为 N 道工序在 M 台机器上执行的问题,规则引擎根据一系列规则进行调度求解,并将调度结果下发。之后,当某一道工序执行完毕时,规则引擎将此道工序从生产列表中删除,并根据该工件的工艺情报,自动将它的下道工序纳入,并再次进行调度求解,如此反复,直到 N 个工件的所有工序都加工完毕;当然,在调度执行的过程中还允许临时追加工件。这是一种把复杂问题简单化、化整为零的处理方法,由于简化了要调度的工序数量,定义了各种各样的逻辑严密的推理规则,因此保证了每次都能快速地求出当前调度问题的解。

算法的部分推理规则如下:

(1)优先权规则。将装载机把木料从一个位置搬运到另一个位置视为一个完整的装载机生产,按功能进行分类,定义生产类型,并给它们分配不同的优先级,优先级高的生产先被执行。优先级的设定,一般考虑生产效率、资源使用率、紧急程度等因素。本处无特殊情况,倒料优先级别低。

(2)只调度必需生产规则。对于每台机器来讲,当前要进行的生产队列中,属于同一个工件的生产只能有一条,即只取出工件的当前可执行的工序进行调度;"倒料"生产除外,因为"倒料"生产可能是必须执行的附加生产,如木料先执行"倒料"生产,后执行出库生产,两条生产不能合并,可以同时处于同一台机器的生产队列中。

(3)倒料规则。如果是属于出库范畴的装载机生产,那么需要检查有没有必要进行倒料,若有,则需要先进行"倒料"生产。

(4)生产开始执行后才进行货位计算。每道装载机生产包含四要素:木料、装载机、初始位置、目标位置。其中,目标位置是在生产开始执行(生产者扫描位置条码)之后才进行计算,也就是说,发布的是没有"目标位置"的装载机生产,以应

第3章 林-浆-纸企业生产物流智能配送策略及应用研究

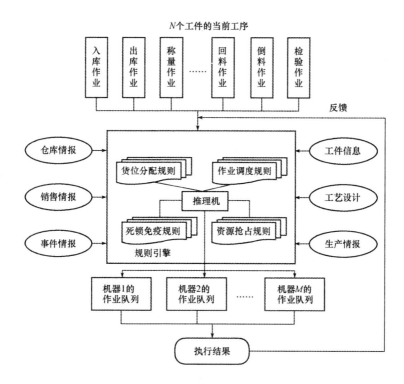

图 3.31 基于规则推理的生产调度求解模型

对生产指示生成时刻到生产指示执行时刻之间这段时间内，仓库可利用资源的变化，提高资源利用的合理化，防止出现指示错误。如一段时间后，以前计算出的目标位置已不能放此木料了。

(5) 资源依赖规则。为了防止发生活锁及死锁，对机器资源的使用做出如下规定："生产出库"生产所依赖的"扫描位"资源若不存在，那么即使此生产位于生产队列的队首，也不发布给生产者去执行，该生产处于"隐身"状态。由于"生产出库"生产需要"扫描"资源，"扫描"资源较少，"扫描"时间较长，而"生产出库"生产的优先级特别高，因此，如果"生产出库"生产发布得过早，那么等所有"生产出库"生产完毕时，可能就是下班的时候了；为了防止"生产出库"生产阻塞其他生产的执行，形成活锁，施行穿插生产，穿插的前提是"生产出库"生产所依赖的"扫描资源"不存在。这种做法与按生产优先级从高到低排序的优先权规则相矛盾，实际却是对资源的最好利用。

(6) 预约规则。库位资源采用"空闲—预约—占用"状态变化机制。库位需要先预约，以防止多个装载机生产争抢同一个库位。

(7) 资源预约"可抢占"规则。这里的"可抢占"指的是"预约"的可抢占，而不是

"占用"的可抢占。有些低优先级的生产先预约了某些资源，之后发布的高优先级的生产也需要此资源时，可以撤去低优先级生产的预约，将预约者改为高优先级生产。

(8) 资源释放就立即供给规则。一旦稀缺资源被释放，就立刻自动搜索需要使用此种资源的生产，并激活此生产。

(9) 装载机操作工只是执行者，没有生产调度的权力。装载机操作工按照无线移动终端上的生产指示电子看板进行操作，不用多想，只能执行电子看板上的第一条生产。为此，先要设计生产程序，给出一个简单、方便、统一的操作规范。为了防止将错误的木料放到错误的位置，规定生产开始时必须扫描物料条码，生产结束时，必须扫描目标位置的条码(地标)，顺序不能颠倒，若扫描的条码错误，则给出报警提醒。这样做，可将货物的堆放方式统一化，避免了生产者的随意性和货物流动的混乱局面，并将物流、信息流同步起来。

(10) 事件报告规则。有些装载机(叉车)生产，如"外销出库"，需要用到卡车资源，生产的发布时间，必须与资源的可使用性相关联。如果卡车没有到来，就发布此生产，那么操作者只能空等待，其他的事情都不能做，造成了调度的不合理。一个简单的方法是，发布生产给装载机操作工，让他决定做哪一条，但这样就违反了前面定的规则，容易出现操作错误。因此，需要系统了解生产所需要的资源是否可使用。可以采用安装摄像头或者无线探测的方式监视"卡车"的到来，这需要能够自动区分是否为"卡车"，"卡车"是用来出货的还是有其他用途。也可以采用安装按钮的方案，让卡车司机自己按此按钮来通知系统。但这样操作起来相对复杂，本书在遵守"装载机操作工只是执行者"这条规则的前提下，设计了一种软件形式的"事件报告"机制，即不让装载机操作工决定要不要做"出库"生产，而是系统提醒装载机操作工有"外销出库"生产需要做，问他现在"卡车到了吗"，在卡车到来时装载机操作工只需要报告这一事件，那么系统会立即发布"外销出库"生产给他去执行。当然，如果卡车还没有到，系统就会发布其他类型的生产。

(11) 同一工件的生产关联处理规则。某木料的某道工序(装载机生产)执行完毕后，检查当前生产队列中有无此木料的"倒料"生产，若有则删除；检查有无此木料的其他生产，若有则将其"初始位置"设成此生产的"目标位置"；最后将此木料的下道工序纳入调度。

(12) 关于货位分配的规则，如"先放满下层""就近倒料""出库距离最短""缓冲区放置"等规则，已经在前面章节进行过详细讨论。

依据上述规则，该循环调度算法可以快速完成求解。其中，对资源的多种处理方法避免了死锁的发生；只对必要生产进行调度，避免了工序逆反不可行调度的发生。上述规则的综合作用，使得调度结果完成优化目标，也可以用前述的改进后的析取图判定调度结果是否为可行调度,当然,好的算法能在求解的过程中就避免不可行调度的发生,而不需要事后的可行性检查。本算法做到了这一点,并经受住了现场的实践考验。

3.4.5 装载机生产调度的计算机编程实现

生产调度程序在系统服务器(Linux 操作系统)上运行,采用 J2EE 技术编码实现。首先,在计算机内存中,给每部装载机分配一个生产队列,这些队列以 Hash 表的形式存储。每个生产队列内存储的是按调度后的顺序依次排列的混杂在一起的 15 种装载机生产。系统按上述规则,取出生产队列中的前两条生产内容,通过无线局域网发布到装载机操作工的移动终端上,当然,没有目标位置的"生产"出库生产是不会发布到无线移动电子看板上的。

下面本书以众多种装载机生产中的"生产出库"生产为例,说明装载机生产调度的计算机编程实现过程。图 3.32 表示的是生产线 L1 的一个工件(原木)需要"生产出库"。

生产线 L1 拥有一部装载机和数个生产出库位。当然,如果有 N 个工件需要"生产出库",那么就重复执行此过程 N 次。首先,判断是否为"生产出库"生产,若是,则根据工件的实际库位反算其所在的实际生产线,若不是生产线 L1,而是生产线 L2,那么就要先给另外一部装载机 L2 发布"跨线出库"生产,让装载机 L2 把木料搬运到目标位。要根据上述众多规则求解此"跨线出库"生产在 L2 生产队列中的次序。此"跨线出库"生产生成后,接着求解 L1 装载机的"生产出库"生产,首先要把 L1 的"生产出库"生产设为"隐身"状态,因为 L2 的"跨线出库"生产没有执行,如果这时就给 L1 装载机发布了"生产出库"生产,那么势必造成装载机 L1"空闲等待"而阻塞其他正常生产的执行。从 Hash 表中取出装载机 L1 的生产队列,按生产优先级插队到此生产队列中。这仅是修改了内存的数据,紧接着还要同步修改数据库,将此生产队列放到数据库中进行永久存储。之所以在计算机中专门开辟一块内存存放各装载机的生产队列,是因为此生产队列经常被访问,而且经常要做排序处理,如果每次处理都访问数据库,则会导致运算速度较慢而且大大增加了不必要的数据库负荷。但要保证内存数据和数据库数据的同步性,对同步处理技术的要求比较高。至此,"生产出库"生产便创建完成,但装载机 L1 的电子看板上可能长时间不出现此生产,这是因为系统运用"资源依赖"规则,自动判断该生产能否执行,只有当获得"出库位"资源后,它才会显示在生产指示看板上。

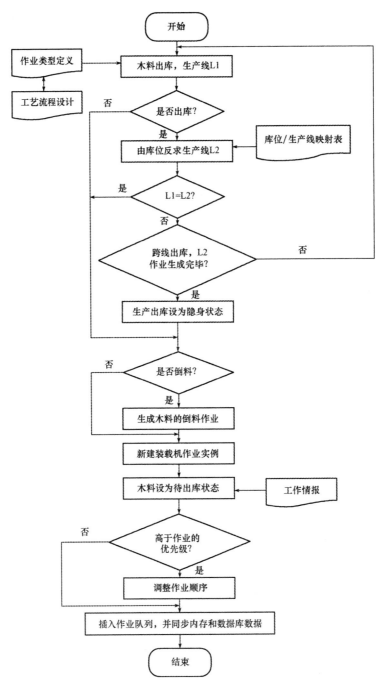

图 3.32 生产出库生产调度创建过程

第4章 林-浆-纸企业生产物流智能配送系统研究

该林-浆-纸企业是年产40万吨漂白硫酸盐木浆及14万公顷原料林基地林纸一体化项目。在设计之初,该企业充分吸收了当今许多先进的科学技术成果,尤其是在制浆生产过程中,大量利用自动化仪表、自动化装置和计算机代替人工对制浆过程中的物料量、浓度、成分、粒度、流量、药剂量、液位、料位、pH等工艺参数按工艺要求进行自动控制。但是笔者通过走访企业发现,企业在综合集成管理、系统分析、机械、电子、自动化、计算机等复杂的现代生产物流系统过程中仍存在许多不如人意的地方。在提高制浆设备本身能力的同时,充分挖掘物流的潜力,提高制浆生产系统的总体效益,将成为林-浆-纸企业生产现代化的重要标志之一。

本章对林-浆-纸企业生产物流系统的功能、设计规划、结构设计以及系统复合模型的构建方面展开相应研究,为林-浆-纸企业智能配送系统的构建和应用实施提供了理论依据。

4.1 现代生产物流的组成特点与功能

生产物流担负厂内运输、仓储、搬运物料等任务。生产物流系统与生产制造的关系,就像人体中血液循环系统与各个器官的关系,生产物流系统是生产制造各个环节组成有机整体的纽带,又是生产过程可持续化的基础。传统的生产物流以手工、半机械化或机械化为主,效率低,工人劳动强度大,传统的生产物流信息管理也非常落后,导致生产物流信息分散、不准确、传送速度慢。落后的生产物流牵制了企业生产的高速发展。随着生产制造系统规模不断扩大,生产的柔性化水平和自动化水平也日益提高,这就要求生产物流也要相应地发展,以与现代生产制造系统相匹配[66]。

现代生产物流的发展主要体现在以下几个方面:

(1)现代化的物流设备是生产物流现代化的基础。现代生产物流采用快速、高效、自动化的物流设备,多数通过计算机控制,实现了半自动化或自动化。最典型的现代化物流设备如下：

①自动化仓库。有利于物料的周转和自动化管理，同时节约了库房面积。

②自动导引运输车。可快速、准确地运输，运输路径可控制，便于计算机管理与调度。

③自动上下料机器。装卸料采用机器人，与加工设备同步协调，安全、快捷。

④其他上下料及中转运输设备。如集放链、传送带等。

(2) 计算机管理与现代化生产制造相适应的生产物流系统，一般都具有物流节奏快、结构复杂、物流路线复杂、信息量大、实时性要求高等特点。传统的凭现场管理员经验管理生产物流的方法已无法适应。采用计算机系统可以对物流系统进行动态管理和优化。同时，通过计算机与其他系统联网，实时发送和接收信息，使物流系统与生产制造、采购等系统有机地联系，可以提高企业生产物流系统的效益[66]。

(3) 集成化与系统化生产物流系统的结构特点是点多、面宽、线长、规模大。传统的生产物流是分散的、相互独立的、缺乏系统化和集成化。如果说传统生产物流设备落后、搬运效率低下是影响企业生产效益的主要原因之一，那么传统生产物流的个体化和分散化就是牵制生产发展的另一个主要原因。而现代生产物流是把物流系统有机地整合起来，从系统化、集成化的概念出发去设计、分析、研究和改善生产物流系统，决不追求个别内在系统的优化和高效，而是力求整体系统的优化和高效。现代化生产物流系统的另一显著特点是把生产制造系统与物流系统融为一体，使它们形成完整的生产系统，从而提高企业生产的整体效益。

4.2 现代生产物流管理

现代生产物流的发展，得益于物流设备的研究与发展。例如，在物料搬运、装卸、储存过程中大量使用机械化的物流设备，采用各种电子仪器进行生产物料的检测等手段无疑促进了物流技术的发展。然而，先进的技术、先进的设备并不能与高效率和高效益画等号，特别是对于庞大的、复杂的物流系统，更是如此。三分技术，七分管理，数据是基础，唯有科学、先进的管理才能实现更大的效益。

现代生产物流管理是建立在系统论、信息论和控制论的科学基础上的。从系统论和信息论的观点来看，现代生产物流管理要求物流系统能及时地提供完整、准确、科学的信息，并通过对这些信息的加工处理，了解、掌握生产物流状态，从而控制企业物流。计算机数字化的应用是现代生产物流系统获取、传递、交换和存储信息的基础。从控制论的观点来看，要按照预定的目标和标准，依据检测到的信息，有效地控制生产物流活动。现代生产物流管理，其内容十分丰富，主要包括预测物流需求量、规划设计物流系统布局、控制合理的物料库存量、制订运输调度计划、检测物料状态、传递和处理生产物流信息等。

现代生产物流管理在职能上也发生了相应的变化，分别为：由分散管理向集中管理转变、由执行型管理向包括执行在内的决策型管理转变、由封闭型管理向开放型管理转变、由人工管理向大量应用计算机进行管理转变。

物流信息处理应能快捷高效地收集、传送、储存、处理和分析物流数据，以便及时了解和掌握生产物流进程，正确决策、协调各业务环节，从而有效地计划和组织物料的流通。显然，依靠人工手段完成上述工作是不可能的。因此，在网络和数据库环境支持下的计算机技术成了现代生产物流信息处理的最有效工具。

在物流管理系统中，对信息流的管理是关键。在现代生产物流管理中，数据库用于物流管理的优越性已逐渐被世人认识。现代生产物流的信息管理是为生产服务的，因此它要求数据具有准确性、共享性、安全性和完整性。数据库是信息管理和共享的重要手段，因此要保障生产过程中所采集到的数据的准确性、实时性和共享性[66]。

4.3 林-浆-纸企业生产物流配送系统功能分析与设计规划

林-浆-纸企业生产物流系统是建立在各种机械设备支持的基础之上的，一切工艺要求都必须通过相应的设备来实现。

4.3.1 生产物流路线及设备布置

林-浆-纸企业生产物流可分为各工段或车间内的半成品或成品流转的微观物流和各工段或车间内的半成品或成品流转的宏观物流。林-浆-纸企业物流的范围庞大而复杂。

林-浆-纸企业生产物流起于原木、药剂、配件等的投入，经过碎片、制浆、打包转换成浆板，如图4.1所示。

对于生产企业整个物流系统来说，除了考虑人、财、物之外，还要考虑如下几个因素：工厂和仓库(车间)场所，场内交通运输，装卸搬运，仓储、采购供应，信息处理，物流服务各子系统。

一个良好的林-浆-纸企业平面布置和设备配置可以使企业物流更加优化，避免内部运输迂回重复。在其他各项条件相同的情况下，占地面积越小，总平面布置

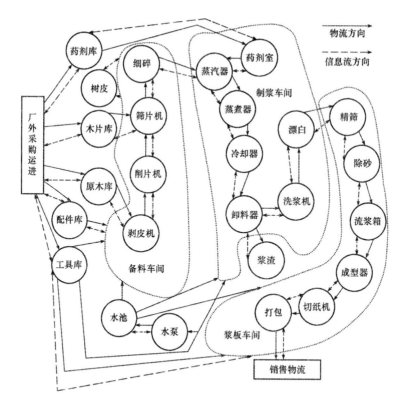

图 4.1 林-浆-纸企业生产物流示意图

越紧凑,层面高差越合理,各种道路和路线越短,建设投资费用就越低。投入生产后,厂区布置合理将会使工段、车间联系更方便,生产物流更通畅。

物流路线及设备布置的规划原则如下:

(1)物料和人员移动距离最小原则。保持厂内、车间、工段内各项操作之间的距离最短。物料和人员流动距离尽量缩短,以节省生产物流时间,降低物流费用。

(2)物料搬运按直线前进原则。要求设备布局、操作流程应能使物料搬运和仓储按直线前进,避免迂回和倒流。

(3)充分利用场地和空间原则。包括水平和垂直方向,在安排物料、设备、人员时应保持场地、设备的空间适当,使工作效率最优化。

(4)生产力均衡原则。维持各种设备的均衡,使全厂能维持一个合理的运行速度。

(5)场内运输畅通原则。厂内运输设有专供搬运物料或人员行走的通道。

(6)最佳流程原则。保持生产过程顺利进行,无停滞。

(7)保持"再造"的弹性原则。要留出一定的空间便于在必要时能对设备适当做重新安排,即保持适当的弹性。

(8)系统原则。凡是对物流路线及设备布置有影响的因素都要全方位系统考虑。

4.3.2 林-浆-纸企业生产物流智能配送系统设计原则

林-浆-纸企业生产物流智能配送系统一般分为管理级、监控级、控制级和设备级[66]。生产物流智能配送系统的设计极为复杂，为了提高生产效益，企业应当遵循一定的系统设计原则。

当然，这些原则并不是一成不变的，在特定的场合下，有些原则又是相互影响的，甚至相互矛盾，为了做出最好的设计，设计者必须对这些原则进行选择和修改。

(1)按既定设计目标执行，避免其他次要因素的干扰。

(2)保持生产物流前向移动，避免返回、侧绕和转向，确保从起点到终点的路线是最经济、高效的。

(3)物料处理次数最少原则。通过复合操作，或者减少不必要的搬运，或者引入能完成多个操作的设备，可以减少物料处理次数。

(4)使用适宜的设备原则。对于具体的应用，选择适宜的设备完成特定的任务是最廉价和最高效的。

(5)最少的人工处理原则。人工处理会导致代价高，并且错误率高。

(6)考虑系统安全性原则。设计的物流系统应能保护产品和设备不受损伤。

(7)简单原则。系统越简单，操作和维护成本就越低，系统响应速度也就越快。

(8)高利用率原则。追求最少故障时间和最长运行时间是物流系统的目标。

(9)灵活性原则。系统应能满足未知的需求和变化，并能通过不断改进适应市场的变化。

(10)满足负荷富余原则。系统能满足现在和将来市场需求的容量。

(11)自动化原则。最大限度地应用最新信息技术进行操作。

(12)使用成本最低原则。使用成本尽量保持在很低的水平，经济效益至上。

(13)最大限度利用有效空间原则。由于物流系统的建设需要土地和各种设施，因此要避免有效空间的浪费。

(14)有效维护原则。所设计的系统要能有效维护，并且维护费用最低。

(15)复合操作原则。尽量把几种操作汇聚在一起进行。

(16)操作最少原则。因为每种操作都需要一定的费用，因此要尽量减少操作次数。

(17)人机工学原则。设计时要考虑到系统中各类操作人员的安全，并使操作方便和不易犯错。

(18)移动距离最短原则。移动的距离越长，花费的时间和费用就越多。

(19) 管理和操作简便性原则。所设计的系统应当是容易管理和易于操作的。

(20) 节能降耗原则。在林-浆-纸企业生产物流配送系统的设计中，尽量为原木、木片、木浆和药剂自流创造条件，避免和减少物料反向运输。

(21) 标准化原则。统一企业标准，使信息能够充分共享。

(22) 规划超前原则。企业各部门的运作和决策可能会影响生产物流配送系统的功能，如林-浆-纸企业对原木或木片的投入需要调整生产物流配送系统，销售策略的变化也会影响产品生产及生产物流系统。因此，在设计中要有预见性地考虑这些因素。

以上的每一条原则都比较简单，单独实现也很容易，但要把这些原则综合起来全盘考虑并运用好是很困难的，这就要求设计者有较高的理论水平、丰富的实践经验和对企业实际需求有较深入的了解，只有这样才能使系统达到最佳状态并发挥最大功效。[66]

4.3.3 林-浆-纸企业生产物流智能配送系统功能

为了挖掘林-浆-纸企业生产物流的潜能，提高生产物流系统的总体效益，林-浆-纸企业生产物流智能配送系统应具有如下功能：

1. 采购计划生成与管理功能

根据运输到林-浆-纸企业的原木及木片情况、木片库存状态、林-浆-纸企业日处理能力、市场销售现状、浆包库存、药剂库存、工具统计与需求等基本信息，制订原木(木片)采购计划、配件采购清单与时机、药剂采购品种与数量、工具需求预测与补充列表等。

2. 生产物流现场数据采集功能

制浆过程检测是了解和控制制浆过程的重要手段。制浆过程是一个复杂的、多参数的、多变量的综合工艺过程，在此过程中不仅存在对大量静态几何量(如料位、液位、木片粒度、色度等)的检测，而且随着生产技术的发展，还要进行越来越多的动态物理量的检测，如黑液化学成分、浆速、流量、浓度、温度、压力等。对这些数据必须进行不间断的检测和采集，以便随时掌握各种因素的变化信息，从而进行适时的调节和控制，以使各项预定的工艺操作正常运转，保证各作业的产品达到规定的工艺技术指标，使制浆过程优质高产，发挥最大的经济效益。

制浆过程检测包括人工检测和自动检测。人工检测至今仍是许多林-浆-纸企业的主要检测手段，如用浓度壶检查分级溢流浓度、过滤给料浓度，用筛子检查木片粒度，用化学分析方法检验原料和产品的质量等级等。随着科学技术的进步，信息化技术的发展，大多数林-浆-纸企业已局部采用自动化检测技术，如电磁流量计、超声波粒度计、γ射线浓度计、电子皮带秤、同位素在线品位分析仪等已用于生产。自动检测能够消除主观因素对制浆过程的影响，显著地缩减操作工人数，增加多机看管的可能性；能够获得工艺因素变化的可靠信息，反映生产过程进行和设备运转的情况，及时指导人工调节或自动调节生产过程；能够遵守工艺过程操作制度，从而提高林-浆-纸企业的技术经济指标和生产率，节省木片和药剂消耗。

3. 物料平衡功能

根据林-浆-纸企业全流程的现场检测物流数质量参数、实验室分析数据、现场生产数据、设备操作条件等建立生产物流动态平衡模型，在各段物流平衡计算结果的基础上得到全流程生产物流动态平衡计算分析结果。

4. 仓库管理功能

根据木片库、药剂库、工具库、浆包库和配件库的库存品种与数据，结合林-浆-纸企业生产计划、设备生产能力、设备运行效率、实际生产操作经验、设备维护需求，适时提出短、中、长期生产安排调整建议、库存报告、采购品种与数量建议。

5. 生产成本计算与分析功能

依据各项生产物料消耗量与价格统计数据、浆包销售情况、各库存物料统计数据、人员工资统计数据等计算各车间工段生产成本、企业综合生产成本、生产效益，并给出各种管理决策参考建议。

4.4 林-浆-纸企业生产物流智能配送系统结构分析与设计

4.4.1 生产物流智能配送系统结构分析

一个复杂的生产物流系统在具有设备多样性的同时，也具有地理上和配送功能上的分散性。各种物流的典型设备都由计算机系统进行控制，计算机系统将这些配送系统集成起来，使之有序、高效地工作。分布式控制是一个有效的智能配送结构。分布式控制一般由不同层级、不同功能的各种计算机配送系统组成，需从如下4个方面予以考虑：

1. 资源共享

通过网络联结，顶层管理系统可以协调来自各子系统的数据，使整个配送系统有序地工作。

2. 响应速度快

分布式的配送系统可以将任务分派给各子系统,它们可以自发地完成各自接收到的计算机指令。

3. 可靠性提高

由于子系统的故障不会影响到其他计算机子系统,因此整个系统的可靠性得到提高。

4. 通信方便

由于所有的子系统都通过网络汇聚在一起,因此设备之间进行信息交换变得非常方便。

根据林-浆-纸企业生产物流智能配送系统的特点和现代生产物流系统的组成模式与功能要求,笔者提出基于 Agent 的林-浆-纸企业生产物流智能配送系统结构,如图 4.2 所示。执行层由工作站和监督计算机实现,管理层由管理计算机实现,从而构成一个多 Agent 系统。系统的通信采用更灵活的方式进行。

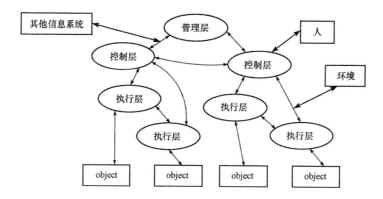

图 4.2　基于 Agent 的林-浆-纸企业生产物流智能配送系统结构

Agent 是人工智能的一个基本术语,起源于 20 世纪 60 年代,当时研究的是作为信息载体的 Agent 在描述信息和知识方面所具有的特性,那时,Agent 的思想并未引起更多 AI 研究者的重视。到了 20 世纪 80 年代,由于智能技术的广泛应用以及计算机软硬件水平的提高,广大 AI 研究者对 Agent 产生了极大的兴趣。近年来,对 Agent 的研究主要集中于多 Agent 系统,并已成为人工智能的一个热点,且在并行计算和分布处理技术中取得了较大的进展[66]。

本书提出的多 Agent 系统中,多个 Agent 形成一个有组织、有序的群体,共同工作在"环境"中。它们的组织性和有序性体现在:一个管理层 Agent 管理若干个控制层 Agent;一个控制层 Agent 管理若干个执行层 Agent。这种组织结构类似于人的群体组织，有领导者和被领导者，分工协作，共同完成特定的任务。这种MAS的协调机制可称为主从式协调。每个Agent都处于环境中，根据环境信息完成各自承担的工作。同时，这种MAS也可作用于环境。它还可以与人进行交互，接受人的各种指令或下达的任务。此外，Agent还可以与其他类似的Agent系统进行交互，构成更高一级的组织。

基于Agent的林-浆-纸企业生产物流智能配送系统的组织结构(图4.3)，其基本特性应包括可通信性、自治性、反应性、针对环境性、目标性等。

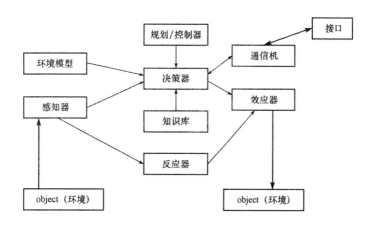

图 4.3　Agent 组织结构

4.4.2　林-浆-纸企业生产物流智能配送系统网络结构设计

为实现林-浆-纸企业生产物流智能配送系统的功能，结合对林-浆-纸企业生产物流智能配送系统的结构分析和计算机网络技术，笔者设计出林-浆-纸企业生产物流智能配送系统网络结构，如图4.4所示。

4.4.3　系统总体结构

林-浆-纸企业车间以物料管理和仓储管理为核心功能的系统含有部分生产计划管理功能，其软硬件结构如图4.5所示。其功能模块主要包括生产计划制订、生产进度监控、物料管理、仓库管理(木料仓、浆包库)、仓储监控、装载机作业自动化调度、货位计算、无线通信、统计报表等。其中，生产计划模块主要侧重于月生产计划、日加工指示的制订。根据加工日程表，物料入库、出库、检验清单和资源占用情况，系统进行装载机作业自动化调度，计算最优货位，生成作业指示，通过有线网络、无线局域网(WLAN)两种方式发布生产加工指示及装载机作业指示。

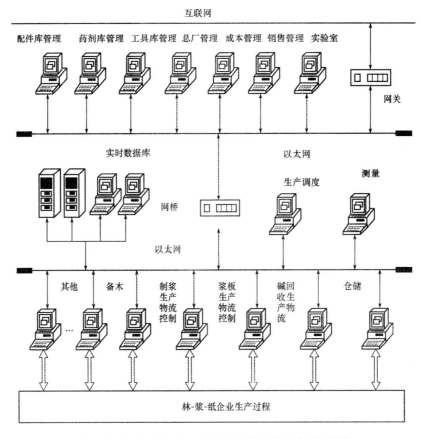

图 4.4　林-浆-纸企业生产物流智能配送系统网络结构

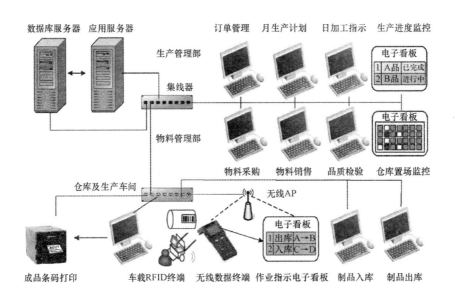

图 4.5　系统软硬件结构

移动作业人员,如仓库管理人员手持无线数据终端设备,遵照作业指示电子看板执行成品出/入库操作;如装载机操作工,遵照装载机上配有的车载 RFID 阅读器、作业指示电子看板进行装/卸料工作任务。

采用无线局域网络的好处:①解决了移动操作过程中作业指示难以实时快速更新及数据采集与反馈困难的问题;②克服了生产车间的木片、浆块捆包分散放置,不便于集中进行数据采集的困难;③为木料堆场管理和作业流程优化创造了有利条件。

4.4.4 数据库系统及软件接口设计

数据库设计是整个配送应用系统能否正常运行的关键。由于篇幅有限,本书仅给出以下几个关键数据库表的结构,并根据系统总体功能的要求,进行软件接口及界面设计(表 4.1~表 4.6 和图 4.6)。

表 4.1 物料信息表

Name	Code	Type	P	Null	Distinct	F
货品编号	A_HPBH	Varchar(30)	Yes	0%	100%	No
货品名称	A_HPMC	Varchar(50)	No	0%	100%	No
货品条码	A_HPTM	Varchar(30)	No	0%	100%	No

表 4.2 区位表

Name	Code	Type	P	Null	Distinct	F
区位编码	A_QWBM	Varchar(20)	Yes	0%	100%	No
区域名称	A_QYMC	Varchar(50)	No	0%	100%	No
区域状态	A_QYZT	Int	No	0%	100%	No

表 4.3 作业类型表

Name	Code	Type	P	Null	Distinct	F
作业类型编码	A_ZYLXBM	Varchar(20)	Yes	0%	100%	No
类型名称	A_LXMC	Varchar(50)	No	0%	100%	No
作业状态	A_ZYZT	Int	No	0%	100%	No

表 4.4 物料生产状态属性表

Name	Code	Type	P	Null	Distinct	F
状态属性编号	A_ZTSXBH	Int	Yes	0%	100%	No

续表

Name	Code	Type	P	Null	Distinct	F
区位编码	A_QWBM	Varchar(20)	No	0%	100%	Yes
发布人	A_FBR	Varchar(10)	No	0%	100%	Yes
作业类型编码	A_ZYLXBM	Varchar(20)	No	0%	100%	Yes
货品编号	A_HPBH	Varchar(30)	No	0%	100%	Yes
供货商编号	A_GHSBH	Varchar(30)	No	0%	100%	Yes
货品数量	A_HPSL	Decimal(10, 2)	No	0%	100%	No
单位	A_DW	Varchar(10)	No	0%	100%	No
发生日期	A_FSRQ	Datetime	No	0%	100%	No
存储上限	A_CCSX	Decimal(20, 2)	No	0%	100%	No
存储下限	A_CCXX	Decimal(20, 2)	No	0%	100%	No
图号	A_TH	Varchar(40)	No	0%	100%	Yes
技术要求	A_JSYQ	Text	No	0%	100%	No
所属工序	A_SSGX	Varchar(40)	No	0%	100%	Yes
审核状态	A_SHZT	Bit	No	0%	100%	No

表 4.5 生产调度情况表

Name	Code	Type	P	Null	Distinct	F
作业类型编码	A_ZYLXBM	Varchar(20)	No	0%	100%	Yes
货品条码	A_HPTM	Varchar(30)	No	0%	100%	No
调度单号	A_DDDH	Int	Yes	0%	100%	No
目标区域	A_MBQY	Varchar(20)	No	0%	100%	Yes
货品数量	A_HPSL	Decimal(10, 2)	No	0%	100%	No
开始时间	A_KSSJ	Datetime	No	0%	100%	No
结束时间	A_JSSJ	Datetime	No	0%	100%	No

第 4 章　林-浆-纸企业生产物流智能配送系统研究

表 4.6　设备调度情况表

Name	Code	Type	P	Null	Distinct	F
设备调度编号	A_SBDDBH	Int	Yes	0%	100%	No
调度员	A_DDY	Varchar(10)	No	0%	100%	Yes
订单号	A_DDH	Varchar(30)	No	0%	100%	Yes
计划数量	A_JHSL	Decimal(10,2)	No	0%	100%	No
日期	A_RQ	Datetime	No	0%	100%	Yes
设备编码	A_SBBM	Varchar(10)	No	0%	100%	Yes
启动时间	A_QDSJ	Datetime	No	0%	100%	No
完成时间	A_WCSJ	Datetime	No	0%	100%	No
完成数量	A_WCSL	Decimal(10,2)	No	0%	100%	No

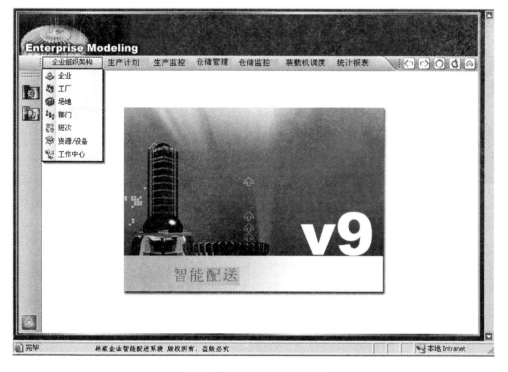

图 4.6　智能配送系统界面

4.5 无线网络建设方案

4.5.1 硬件结构设计

该林-浆-纸企业生产物流管理的难点主要集中在木料加工、保管阶段和成品仓储、配送阶段，其中备料工段因原料散装的特殊性而成为管理的重中之重。经过系统调研，在备料工段的各装卸工作区及成品出/入库点相应安装RFID阅读器，采集数据并将数据实时传输到中心计算机系统进行分析处理，然后根据得到的分析结果指导工作区域采取相应的下一步动作。考虑到搬运操作中对识别距离的要求，系统应采用超高频硬件设备。同时为了避免串读，方案设计中把高频(13.56 MHz)和超高频(915 MHz)RFID设备统一规划于系统中，并在数据库中关联高频(HF)和超高频(UHF)电子标签之间的数据信息，采用中间件协调它们之间的工作。

具体来讲，在木料的入库点、出库点及浆包成品物流的各点，采用超高频阅读器，可以在大范围内一次读取多个电子标签，提高了配送中心的工作效率。

以轮式装载机为载体的移动式RFID数据采集终端在搬运中担负着重要的角色。其作用包括在轮式装载机终端承载货物入(出)库时，系统根据入(出)货单和实际入(出)货情况进行复核，并将复核结果反馈于轮式装载机终端，以提示其下一步动作；通过轮式装载机车载RFID阅读器读取目标标签，以确认货物在仓库中的具体位置，方便事后货品定位和盘点；可在地面或各出入口安置一系列RFID标签(地标)，通过读取标签(地标)，以确定和跟踪轮式装载机在配送过程中的行驶路线和位置。该移动数据采集系统由RFID阅读器和显示终端组成，并通过无线局域网和中心计算机实现数据交换。由于移动终端在执行业务操作时只需读取一个货物标签，故移动终端也采用高频RFID系统，同时可避免串读(图4.7)。

目前的RFID阅读器硬件接口通常有串口和网口两种形式，单套RFID应用系统只需串口就可以满足要求，而多套复杂应用系统需要网口以便设备联网。系统根据不同阅读器所提供的通信接口，设计多种通信方式集成系统，通过集线器和多串口卡与主机通信。

4.5.2 软件结构设计

系统的软件结构由前端各个区域的RFID数据采集系统、中间件以及后端的仓储管理系统(WMS)构成。系统软件结构示意图如图4.8所示。在图4.8中，前端

第4章 林-浆-纸企业生产物流智能配送系统研究

的 RFID 数据采集系统完成对电子标签数据的采集；中间件把采集到的数据进行加工处理和格式匹配，并且封装不同频率设备以及不同的通信方式，提供接口给后端的仓储管理系统；WMS 统一管理生产物流配送各项业务操作。

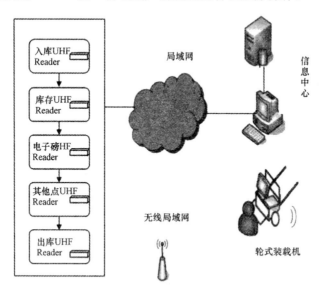

图 4.7 系统硬件结构示意图

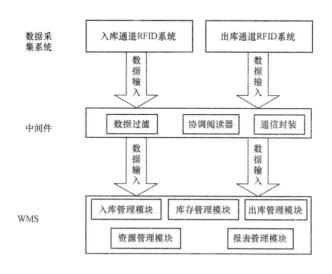

图 4.8 系统软件结构示意图

为保证上述各项信息采集的可靠性，在硬件特性充分发挥的前提下，系统从软件上采用多次读取的方式来进一步克服电子标签漏读现象，确保以后用于所有数据处理的数据源的完整性。不同业务环节所需采集的数据信息不是完全相同的，要区分不同类型的标签，从而过滤无用数据信息。经过研究分析，可行的方案有如下几种：

（1）采用不同频率的设备读取不同类型的标签。这种方法数据处理速度快，但成本会很高。

（2）规定标签 UID 范围，采用同种频率标签。这种方法虽然简单易用，但是系统可扩展性差。

（3）在标签的数据块中设置标志符。这种方法硬件投入成本很低，操作也方便。其缺点是标签读取速度稍慢。

综合考虑各种因素，本书认为第三种方法最为恰当，虽然标签读取速度稍低，但对于林-浆-纸企业车间管理的物流速度而言不会造成负面影响。通常 ISO 电子标签内部存储容量为 2 048 bit，被分成 256 个操作，其中库存管理模块完成木料或成品浆包查询、盘点操作；出库管理模块完成出库方案选择、出库复核和定制订单操作；资源管理模块完成装载机（叉车）管理、原料处理、半成品管理等操作；报表管理模块完成对入库管理、库存管理、出库管理和装载机管理过程中使用和产生的数据表格进行定制、查询、修改和删除等操作。系统运行时，WMS 首先对入库区域采集的数据进行分析和统计，完成收到货品的货位分配，并通过显示终端指导叉车完成货品的正确入库；同时对其他区域的 RFID 系统上传的信息进行相关操作，实现货品、装载机的高效安全管理。

要实现仓储管理高效、自动地正常运转，需要在企业车间的各工作环节获取指定数据信息，需要采集的详细信息如表 4.7 所示。设置标签的数据格式如表 4.8 所示。

表 4.7　数据采集信息表

位置	入库	库存	称量	分拣配送	出库	移动终端
需获取的数据信息	入库单 ID 以及货品详细信息	货物 ID	位置 ID	货物 ID、订单 ID、分拣目的地信息	货物 ID、订单 ID、货位 ID	货位 ID 装载机 ID

表 4.8　标签的数据格式

标签序列号	标签类型标志符	用户信息存放区	写保护字节
0～7 byte	8～11 byte	11～223 byte	224～255 byte

浆板车间配备无线条码扫描器，它是具有一维条码扫描功能的无线移动终端

设备，同样采用 IEEE 802.11g 通信标准收发信息。该无线终端设备采用 Windows CE 操作系统，自带或可安装 Windows Mobile 浏览器，用户界面友好，配置及使用都很方便，支持 802.11g Wi-Fi 技术，适合林-浆-纸企业生产应用(图 4.9)。

图 4.9　无线及有线混合网络结构

原料(成品)条码格式见图 4.10。

产品名称	原木		
规格	马尾松		
区分码	1	日期	20100826
批次	0543	质量	8 765

图 4.10　原料(成品)条码

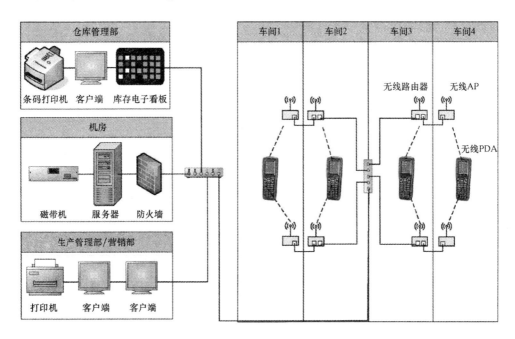

4.6 系统安全方案及遗传加密算法设计

系统安全主要考虑的是系统数据库的安全问题，数据库的数据保护主要包括数据的安全性和完整性。数据库的安全性和计算机系统的安全性是紧密联系、相互支持的，其包括操作系统、网络系统的安全性。

4.6.1 系统安全方案

为了防止"越权篡改数据"，采用严格的用户身份认证制度，每个用户拥有一到多个系统角色，每个角色拥有一到多个操作权限，只有拥有该操作权限的用户才被允许进行相关数据的修改。除此之外，系统还会追踪记录每条数据的创建者、修改者、删除者的信息。

为了防范"服务器被攻击而不能工作"的现象发生，采用Linux操作系统。攻击Windows操作系统的病毒种类最多、数量最大，因此选择Linux能大大减少系统中病毒的概率。同时，Linux的文件系统比较先进，能够保证服务器常年稳定运行。

为了防范"数据损坏、数据丢失"的事故发生，采用系统备份策略，每天进行数据备份。备份设备采用稳定可靠的、容量大的磁盘，并设置自动备份方案，整个系统实行双机热备。

由于系统使用了无线局域网，无线电波在空中传输数据，所以在数据发射机覆盖区域内的几乎任何一个无线局域网用户都能接收到这些数据。常规技术手段有如下几种：

1. 禁止 SSID 广播

每个 AP 都会有自己的 SSID，在多个 AP 同时存在时，客户机出示正确的 SSID 才能使用 AP。但是为了使用方便，现在的 AP 大多是将 SSID 广播出去，也就是将 SSID 工作模式转换为 ANY，这样任何人都可以看到这部 AP 的 SSID，并选择使用。因此，可以选择不广播 SSID，只将 SSID 告诉需要使用的用户。

2. MAC 地址绑定

由于每个无线数据终端设备的网卡都有自己唯一的物理地址，因此可以在 AP 的管理界面中，手工设置允许访问 AP 的 MAC 地址，实现物理地址过滤。由于 MAC 地址理论上是可以伪造的，因此其安全性不高。

3. 使用 WEP 加密

用户的加密密钥必须与 AP 的密钥相同才能获准与 AP 连接。WEP 提供了 40 位、

64位和128位长度的密钥机制，一个AP可设置多个WEP密码。它的缺点是，多个用户共用一组密码，且这组密码是静态的时，需要手工维护。

4. 端口访问控制技术

当无线工作站与AP关联后，是否可以使用AP的服务，取决于802.1x的认证结果。如果认证通过，则AP为用户打开这个逻辑端口，否则不允许用户上网。

本书综合采用"服务集标志符(SSID)用作登录口令""物理地址(MAC)过滤"方法，并另外采用遗传加密算法保护企业数据的安全。

4.6.2 遗传加密算法设计

密码是加密、解密技术的核心之一，而如何保证产生的密码表能最大限度地满足不同加密需要，并具有随机性、科学性、合理性，这是现实中的一个难点。一种理论上较完美的算法可能会以牺牲时间为代价，往往不能达到预期的效果。因此，选择一种高效、科学、合理的算法是计算机数据加密技术实施的关键。遗传算法以其具有的自适应全局寻优和智能搜索技术，以及收敛性好的特性能很好地满足密码表产生的要求[87]。

遗传算法(Genetic Algorithm，GA)是一种有效的、解决最优化问题的方法。它是一种并行的、能够有效优化的算法，以Morgan的基因理论及Eldridge与Gould间断平衡理论为依据，同时融合了Mayr的边缘物种形成理论和Bertalanffv一般系统理论的一些思想，模拟达尔文的自然界遗传学：继承(基因遗传)、进化(基因突变)、优胜劣汰(优的基因大量被遗传复制，劣的基因较少被遗传复制)。其实质就是一种把自然界有机体优胜劣汰的自然选择、适者生存的进化机制与同一群体中个体与个体间的随机信息交换机制相结合的搜索算法。

将遗传算法用于解决各种实际问题后，人们发现遗传算法也会由于各种原因过早向目标函数的局部最优解收敛，从而很难找到全局最优解。使用一系列的数字(如128位密钥)产生一个可重复的但高度随机化的伪随机的数字的序列，一次使用256个表项，使用随机数序列来产生密码转表，如下：第一步，把256个随机数放在一个矩阵中，然后对它们进行排序，使用这样一种方式(记住最初的位置)和最初的位置来产生一个表(随意排序的表，表中的数字为0~255)，一个具体的256字节的表。让这个随机数产生器接着产生这个表中的其余的数，以至于每个表是不同的。第二步，使用"shotgun technique"技术产生解码表。基本上，如果a映射到b，那么b一定可以映射到a，所以b[a[n]] = n(n是一个为0~255的数)。在一个循环中赋值，使用一个256字节的解码表，它对应于第一步产生的256字节的加密表。算法如下：

unsigned long tw1，tw2，twmask；

```
                    int i1;
            unsigned long arandom[256];
                tw1={seed #1};
                tw2={seed #2};
                twmask={seed #3};
            for(i1=0; i1<256; i1++)
                    {
            tw3=(tw1+tw2)^twmask
            arandom[i1]=tw3;
                tw1=tw2;
                tw2=tw3;
                    }
```

如果想产生一系列的随机数字，如在 0 和列表中所有的随机数之间的一些数，就可以使用下面的算法：

```
            Int _ cdecl mysortproc(void * t1, void * t2)
                    {
            unsigned long * * tp1=(unsigned long * *)t1;
            unsigned long * * tp2=(unsigned long * *)t2;
                if( * * tp1 < * * tp2)
                    return(-1);
                else if( * * tp1 > * tp2)
                    return(1);
                    return(0);
                    }
                    int s1;
            unsigned long * aprandom[256];
            unsigned long arandom[256];
                int result[256];
            for(s1=0; s1<256; s1++)
                    {
            aprandom[s1]=arandom+s1;
                    }
            qsort (aprandom, 256, sizeof( * aprandom),
                    mysortproc);
```

第4章 林-浆-纸企业生产物流智能配送系统研究

```
for(s1=0; s1<256; s1++)
{
aresult[s1]=(int)(aprandom[sl]-arandom);
}
```

本处综合了遗传算法的全局寻优及收敛速度快的优点,设计了一种机动加密技术应用方法,使随机自动产生的密码表成功率和速度都得到了明显的改善和提高。

4.7 林-浆-纸企业生产物流智能配送系统复合模型研究

生产物流系统属于离散动态系统(DEDS)。这些年来,研究人员对离散动态系统的建模、分析、优化等方面的研究取得了非常大的进展,也开发了很多建模技术。这些建模技术可概括地分为两大类:形式化建模技术与非形式化建模技术。采用大量的数学方法,通过状态方程对系统进行描述和分析的方法称为形式化建模技术,如排队网络法、极大代数法、扰动分析法、Petri网法等;利用图形符号或语言描述等较贴近人们思维习惯的方式对系统进行描述和分析的方法称为非形式化建模技术,这种分析主要借助于计算机语言实现,如仿真语言、活动循环图、面向对象编程技术等[66]。

Petri网模型能对系统动态特性进行较好的描述,尤其是对并发现象,同时其图形的表示法易于被理解和接受,因此Petri网模型已经成为目前离散动态系统建模中最活跃的建模技术之一。鉴于生产物流系统的复杂性以及Petri网封闭性的特点,本书将Petri网扩展成对外界有输入和输出接口的开放网系统。

4.7.1 基本概念及理论基础

1. Petri网的基本概念

(1)Petri网的基本术语。系统中发生变化所涉及的与系统状态有关的各种因素,称为资源。其包括原材料、半成品、成品、人员、工具、设备、数据及信息,库所,变迁。

(2)Petri网的定义。一个Petri网表示为一个五元组,$PN=(P, T, I, W, G_0)$,其中:

$P=\{P_1, P_2, \cdots, P_n\}$是一个有限的库所集,$n \geqslant 0$。

$T=\{T_1, T_2, \cdots, T_m\}$是一个有限的变迁集,$m \geqslant 0$。

$I: P \times T \rightarrow N$的输入函数。

W：$T \times P \rightarrow N$ 的输入函数。

G_0：初始标志。

一个带有初始标志的网用(PN, G_0)表示。

从 Petri 网的观点来看待一个生产物流系统，集中地表现为两个最原始的概念：事件和条件。事件是生产物流系统中所发生的动作。这些动作的发生由物流系统的状态来控制，而这些状态可以用一组条件来描述；条件是物流系统状态的属性或逻辑描述。一个条件可以是成立的或不成立的。因为事件是动作，它可能发生，也可能不发生。一个事件的发生，可能需要几个条件同时成立，这些条件称为事件的前提条件。事件的发生可能引起前提条件的消失并产生一些其他条件，后者称为事件的后继条件或衍生条件。

Petri 网面向对象模型如图 4.11 所示。

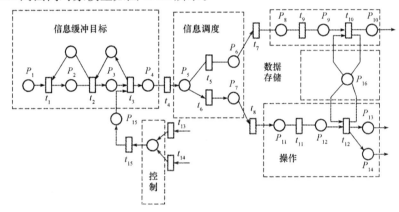

图 4.11　Petri 网面向对象模型

2. 关联矩阵与动态方程

库所：资源按其在生产物流系统中的作用分类，每一类存放一处，则该处抽象为一个库所，又称 P 元素。库所不仅是一个场所，而且表示该场所存放的资源。

变迁：资源的消耗、使用及产生对应于库所的变化，又称 T 元素。

对于 m 个库所，n 个变迁的 Petri 网 PN，其关联矩阵定义为一个 $m \times n$ 的整数矩阵，它的元素定义为

$$A(ij) = W(P_i, T_j) - I(P_i, T_j)$$

根据 Petri 网的变迁规则，可以得到以下状态方程。

对于一个网系统 $PN = (N, G_0)$，存在一组变迁$\{t_1, t_2, \cdots, t_d\}$使标志 G 从 G_0 可达。则有

$$G_d = G_0 + A^\mathrm{T} \sum_{k=1}^{d} u_k \tag{4.1}$$

$G_1 = G_0 + W(P, t_1) - I(P, t_1)$，还可以写成 $G_1 = G_0 + [W(P_i, t_1) - I(P_i, t_1)][0, 0, 1]^T$。如果 t_2 激发将 G_1 变成 G_2，则有

$G_2 = G_1 + W(P_1, t_2) - I(P_1, t_2)$

设 G_k 是从 G_{k-1} 由 t_k 激发而来，根据变迁激发规则：

$G_k = G_{k-1} + W(P_i, t_k) - I(P_i, t_k)$

将 $W(P_i, t_k) - I(P_i, t_k)$ 写成列向量：

$$\boldsymbol{C}_K^T = \begin{vmatrix} W(P_1, t_k) - I(P_1, t_k) \\ W(P_2, t_k) - I(P_2, t_k) \\ \vdots \\ W(P_n, t_k) - I(P_n, t_k) \end{vmatrix} \tag{4.2}$$

又有 $A(ij) = W(P_i, t_j) - I(P_i, t_j)$，得到：

$$\boldsymbol{A}^T = \begin{vmatrix} W(P_1, t_1) - I(P_1, t_1), & W(P_1, t_2) - I(P_1, t_2), & \cdots, & C_1, & \cdots, & W(P_1, t_n) - I \\ W(P_2, t_1) - I(P_2, t_1), & W(P_2, t_2) - I(P_2, t_2), & \cdots, & C_2, & \cdots, & W(P_2, t_n) - I \\ \vdots & \vdots & & \vdots & & \\ W(P_n, t_1) - I(P_n, t_1), & W(P_n, t_2) - I(P_n, t_2), & \cdots, & C_n, & \cdots, & W(P_n, t_n) - I \end{vmatrix} \tag{4.3}$$

进而可以得到上述状态方程，其中控制矩阵 $\boldsymbol{u}_k$ 的值是使 G_0 到 G_d 变迁 t_j 发生的次数。

如果一组向量 $X(m \times 1)$ 满足：$X^T A = 0$，则称 X 是 PN 的一个 S-不变量。

同样，如果向量 $Y(n \times 1)$ 满足：$AY = 0$，则称 Y 是 PN 的一个 T-不变量。

3. 面向对象的基本概念及定义

"面向对象"概念是针对"面向过程"提出来的，是从本质上与传统结构化相区别的一种新方法、新思路，是一种对客观世界认识的世界观。它将客观世界看成由许多不同对象组成，而每个对象都有自己的内在运动规律和内部状态，它们之间相互联系和互相作用构成了客观世界的全部。从组织结构上看，"面向对象"是一种模拟客观世界的方法，这种方法的基本着眼点是构成客观世界的那些基本成分、对象，而模拟的实现是通过抽象把客观世界中的对象映射到计算机系统中，并通过被抽象出来的对象之间的相互联系、相互作用，使模拟系统与被模拟系统具有相同或相似的运动规律，以完成对客观世界的模拟。面向对象具有类、对象、继承、重载、消息传递等属性，最大优点是将现实世界中的各种对象进行抽象并分别归类。

4. 复合建模概念的形成

单一的建模技术由于其自身的特点和局限，不可能很好地完成从系统建模、

分析到验证的全部任务。吸收各种建模技术的优势，改进和扩展单一建模技术，走交叉建模的道路是解决复杂系统建模、分析、验证问题的一种新尝试。

由于林-浆-纸企业生产物流系统的复杂性、并发性、随机性等特点，要求新模型能够描述复杂系统而不受状态空间"指数爆炸"问题的影响；要求新模型成为有输入、输出接口的开放模型；要求新模型具有易于理解、贴近人们习惯的图形描述方式；要求新模型能保持 Petri 网的分析、验证能力。从以上要求看出，对新模型的集成有两个方面：模型本身的扩展；模型的综合。确切地讲，是将基本 Petri 网系统扩展为对外有输入、输出接口的递归网，同时保持基本网系统的性质不发生变化，即仍可以用 Petri 网的数学工具对新系统进行分析；对面向对象模型中的对象模型的消息和方法赋予新的含义，并构成事件关系表，改进其动态模型。

5. 基本 Petri 网系统的扩展

如前文所述，对 S-不变量的计算可以反映生产物流系统各库所之间的关系，可分析系统的有界性、安全性、死锁等特性，因此 S-不变量的计算成为物流系统结构分析的基础。根据 S-不变量的定义可知，计算不变量需求解关联矩阵方程，若 Petri 网系统稍复杂一些，其状态变量将呈指数关系增长，因此计算关联矩阵的工作量会非常大，S-不变量的计算实际上变得不可行。

由于引入了输入、输出函数的集合，Petri 网扩展成为对外有输入、输出的开放网系统，这样复杂的网系统可以由按功能划分成的若干个子网组成。如果其状态空间可理解成这些子空间的和，那么计算每个子网的关联矩阵的 S-不变量就可以得到整个的关联矩阵 S-不变量，这样就可以对整个系统进行分析。为了分析和定义 Petri 网，分别对映射进行如下预备定义：

(1) 对于映射 $\beta: C \to D$ 以及任意元素 d，定义 $\beta^{-1}(d)$：如果 $d \in D$，则 $\beta^{-1}(d) = \{c \mid c \in C \wedge \beta(d) = d\}$；否则，$\beta^{-1}(d) = \varphi$。

(2) 设有 n 个互不相交的集合 C_i，$i=1, 2, \cdots, n$。$C_i \cap C_j = \varphi$，$i \neq j$，且有 n 个映射 $c_i: C_i \to D_i$，$i=1, 2, \cdots, n$。定义映射的和运算：

$$c = \sum_{i=1}^{n} c_i : \bigcup_{i=1}^{n} C_i \to \bigcup_{i=1}^{n} D_i$$

使得 $\forall c \in \bigcup_{i=1}^{n} C_i$ 满足：如果 $c \in C_j$，$1 \leqslant j \leqslant n$，且 $c_j(c) = d$，则 $c(c) = d$。

(3) $PN = (P, T_{in}, T_{out}, T_k, F_{in}, F_k, F_{out})$ 满足以下条件，就记为 $RN = (P, T_{in}, T_{out}, T_k, F_{in}, F_k, F_{out})$，简写为 RN。

① 如果 $P = \varnothing$，则必须有 $T_k = \varphi$，$T_{in} = T_{out} = T$，并称这样的变迁为原子变迁，记为 $AT(T, F_{in}, F_{out})$。

② 否则，必须满足以下条件，并且称其为 CPN 或 CT。设

$T_{in} \cup T_k \cup T_{out} = T_w$

$T_{in} \cup T_{out} \neq \varnothing$

$P \cap (T_{in} \cup T_k \cup T_{out}) = \varnothing$

$F_k \subseteq P \cup T_{in} \cup T_{out} \cup T_k$

$T_{in} \cup T_k \cup T_{out} \subset$ 网集 $\{RN\}$，而且 $\forall t \in T_{in} \cup T_k \cup T_{out}$，如果记 $t = RN(P', T'_{in}, T'_k, T'_{out}, F'_{in}, F'_{out}, F'_k)$，则必须有

∃——对应 $\rho_1: I(t) \cup \alpha^{-1}(t) \rightarrow F'_{in}$

∃——对应 $\rho_0: O(t) \cup \beta^{-1}(t) \rightarrow F'_{out}$

③对于 RNS，设其库所集为 P，状态空间为 V，如果它包括 $n-1$ 个子网 RNS_i，$i=1, 2, \cdots, n-1$，每个 RNS 的库所集为 P_i，内核变迁集为 $T_k(i)$，状态子空间为 V_i，则有

$P_n = P / \bigcup_{i=1}^{n-1} P_i$，$P_i$ 的状态子空间为 V_i，$T = \bigcup_{i=1}^{n-1} T_k(i)$。

$V = V_1 \oplus V_2 \oplus V_3 \cdots \oplus V_n$ 为变迁集 T 的连续映射下的不变子空间分解。由网的定义及 P_n 的定义，有 $V_i \cap V_j = \varnothing$，$i \neq j$。

设 $V_i = (P_{i1}, P_{i2}, \cdots, P_{ik_i})$，$i=1, 2, \cdots n$；$k_i = 1, 2, \cdots, j$。

经过适当的排列，V 可以写成

$V = (P_{1i}, P_{12}, \cdots, P_{1k_1}, P_{2i}, P_{22}, \cdots, P_{2k_i}, \cdots, P_{ni}, P_{n2}, \cdots, P_{nk_i})$

因此，有 $V = V_1 \oplus V_2 \oplus V_3 \cdots \oplus V_n$。

对某个 V_i，$\forall G \in V_i$，则 $\forall t \in T$，$P_i \in P$。

根据前面 t 在 M 有发生权的条件 $L(P, T) \leqslant G(P)$，如果 $p \notin P_i$，则 $G(P) = 0$，所以 $L(P, T) \leqslant 0$，而 $L(P, T)$ 非负，因此 $L(P, T) = 0$。这说明不属于 V_i 的库所，与 V_i 内没有弧连接。

④说明网系统行为包括在变迁集 $T = \bigcup_{i=1}^{n-1} T_k(i)$ 里面，那么，完全可以在 $n-1$ 个子网里分别求解，而不必在全状态空间里讨论。

对于 $\forall t \in T_k$，t 变迁的激发使 G 变为 G'，对于 $p \in P$，$G'(p) = G(p) - W(p, t) + I(t, p)$。

如果 $p \in P$，则 $L(p, t) = L(t, p) = 0$。

$\forall p \notin P_i$，$G'(p) = G(p) = 0$，则 $G' \in V_i$。这说明 V_i 满足 $\sigma(V_i) \subseteq V_i$，$i = 1, 2, \cdots, n$。

⑤对于包含多个子网的开放网系统 PN，设其某个子网 $PN_i = (P_i, T_i, I_i, W_i, P_{0i})$，$i=1, 2, \cdots, n$，则 PN 的 S-不变量 $X(t)$ 就是其所有子网 PN_i 的 S-不变量 $(X_i, i=1, 2, \cdots, n)$ 按合并后 Petri 网规定的库所编号组合而成的新向量之和。

6. 基于面向对象概念扩展的网系统描述

本书引入面向对象的概念对层次开放网按 OMT 中对象模型的建模方法进行求解，对于不可再分的基类，其类的组成成分是一个一个的对象。对象是由类的实例化生成的，即对对象中属性赋以初值，因此可以把对象用子网的形式定义为 $W=(PN, G_0)$，其中 $PN=(P, T, I, W)$ 是一个类。

如果类 $PN=(P, T, I, W, G_0)$ 与类 $PN'=(P', T', I', W')$ 之间有继承关系，则 $P=C \cup D$，$P'=C' \cup D'$；如果 PN' 是 PN 的子类，则有 $C \subseteq C'$，$T \setminus \{t \in T \setminus t\}$。

进而可以用网系统的形式描述对象、类的继承关系。

7. 复合模型的建模

对基本 Petri 网系统进行扩展，使其变为对外有输入、输出接口的网系统，这样就保证了网系统在描述系统时，无论在何层次上都有一致的结构。此外，在面向对象的对象模型中添加了消息描述，实际上，发送消息就是事件发生。因此，消息栏就是事件栏，这样就可形成事件表，根据事件表容易构造系统的动态模型。复合模型建模的基本步骤分为四步：建立层次模型、建立对象模型、建立对象事件表、建立动态模型。

4.7.2 林-浆-纸企业生产物流子系统复合模型的建立

采用复合模型技术，以林-浆-纸企业制浆流程为实例进行建模研究。经过整理，林-浆-纸企业制浆流程子系统生产物流如图 4.12 所示。图中以圆圈表示生产物流的汇集点及分散点，进一步将生产物流汇集点、分散点、制浆设备抽象成为库所，将制浆过程生产物流传输的有向支路或边抽象为变迁，则可建立林-浆-纸企业生产物流智能配送系统制浆流程生产物流子系统动态复合模型，如图 4.13 所示。同理，参照整理得到的林-浆-纸企业制浆流程生产药剂流示意图（图 4.14），可建立林-浆-纸企业生产物流智能配送系统制浆流程生产药剂流子系统动态复合模型，如图 4.15 所示。

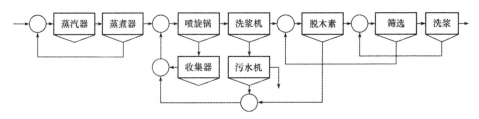

图 4.12　林-浆-纸企业制浆流程子系统生产物流

第4章 林-浆-纸企业生产物流智能配送系统研究

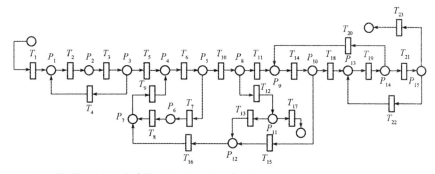

图 4.13 林-浆-纸企业生产物流智能配送系统制浆流程生产物流子系统动态复合模型

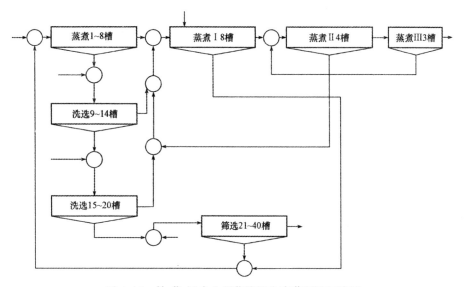

图 4.14 林-浆-纸企业制浆流程生产药剂流示意图

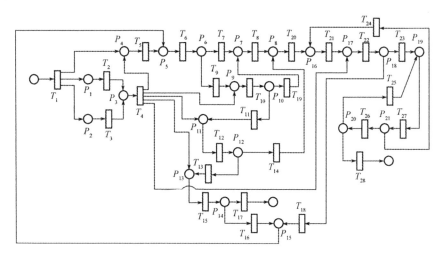

图 4.15 林-浆-纸企业生产物流智能配送系统制浆流程生产药剂流子系统动态复合模型

· 165 ·

4.7.3 基于复合模型的制浆过程物流平衡数学原理研究

对于图 4.13 所示的制浆流程生产物流子系统动态复合模型,若用关联矩阵来描述,所构成的矩阵有 G(库所数)行、M(变迁总数)列;关联矩阵中用 0,+1,−1 分别表示变迁与库所不相关、从变迁到库所输出的流向库所、从库所到变迁输入的流出库所。事实上,在大多数制浆生产流程中,多数库所与多数变迁是不相关的,引用拓扑矩阵,则只有 G 行、D 列。D 等于动态复合模型(有向图)的最大度。矩阵的元素 a_{ij} 表示与库所 p_i 相连的带有标号的第 j 个变迁 T_j;标号为"−",表示离开库所 p_i;标号为"+",表示进入库所 p_i。本书将此矩阵命名为"标号变迁拓扑矩阵",则图 4.13 所示林-浆-纸企业生产物流智能配送系统制浆流程生产物流子系统动态复合模型可用下面的拓扑矩阵来存储。

$$Z = \begin{vmatrix} T_1 & T_4 & -T_2 \\ T_2 & -T_3 & 0 \\ T_3 & -T_4 & -T_5 \\ T_5 & -T_6 & T_9 \\ T_6 & -T_7 & -T_{10} \\ T_7 & -T_8 & 0 \\ T_8 & -T_9 & T_{16} \\ T_{10} & -T_{11} & -T_{12} \\ T_{11} & -T_{14} & T_{20} \\ T_{14} & -T_{15} & -T_{18} \\ T_{12} & -T_{13} & -T_{17} \\ T_{13} & T_{15} & -T_{16} \\ T_{18} & -T_{19} & T_{22} \\ T_{19} & -T_{20} & -T_{21} \\ T_{21} & -T_{22} & -T_{23} \end{vmatrix}$$

显然,标号变迁拓扑矩阵与关联矩阵相比,存储相同的制浆流程动态复合模型,占用的内存要少得多。

设制浆生产物流流程共有 G 个库所、M 个变迁、I 个化学元素、J 个片度级;在 G 个库所中,有补加水的库所为 P 个,无补加水的库所为 Q 个。于是有制浆生产产率平衡:

$$\sum_{m=1}^{M} d_{gm} \widehat{f_m} = 0, g = 1, 2, \cdots, G \tag{4.4}$$

第4章 林-浆-纸企业生产物流智能配送系统研究

制浆生产元素平衡：

$$\sum_{m=1}^{M} d_{gm}\widehat{f_m}\widehat{x_{mi}} = 0, g=1,2,\cdots,G; i=1,2,\cdots,I \quad (4.5)$$

制浆生产片级平衡：

$$\sum_{m=1}^{M} d_{gm}\widehat{f_m}\widehat{y_{mj}} = 0, g=1,2,\cdots,G; j=1,2,\cdots,J \quad (4.6)$$

制浆生产片级元素平衡：

$$\sum_{m=1}^{M} d_{gm}\widehat{f_m}\widehat{y_{mj}}\widehat{z_{mij}} = 0, g=1,2,\cdots,G; i=1,2,\cdots,I, j=1,2,\cdots,J-1 \quad (4.7)$$

制浆生产水量平衡：

$$\sum_{m=1}^{M} (d_{gm}\widehat{f_m}\widehat{c_m} + \widehat{w_g}/F) = 0, g=p_1,p_2,\cdots,p_p \quad (4.8)$$

$$\sum_{m=1}^{M} d_{gm}\widehat{f_m}\widehat{c_m} = 0, g=q_1,q_2,\cdots,q_Q \quad (4.9)$$

另外，每个变迁还存在如下约束条件：

$$\sum_{i=1}^{J} \widehat{y_{mj}} = 1, m=1,2,\cdots,M \quad (4.10)$$

$$\sum_{i=1}^{J} \widehat{y_{mj}}\widehat{z_{mij}} = \widehat{x_{mi}}, m=1,2,\cdots,M; i=1,2,\cdots,I \quad (4.11)$$

在式(4.4)至式(4.11)中，$\widehat{f_m}$、$\widehat{x_{mi}}$、$\widehat{y_{mj}}$、$\widehat{z_{mij}}$、$\widehat{c_m}$ 分别为变迁 m 的固体产率、元素 i 的品级、片级 j 的分布率、片级 J 中元素 i 的品位、液固比；$\widehat{w_g}$ 为库所 g 的补加水量；F 为生产物流流程的原木片处理量；d_{gm} 为变迁 m 对库所 g 的方向数，$d_{gm}=1$ 表示变迁 m 输入库所 g，$d_{gm}=-1$ 表示变迁 m 输出库所 g，$d_{gm}=0$ 表示变迁 m 与库所 g 不关联。其中，式(4.6)、式(4.7)只对 $J-1$ 个片级写出，是为了使它们与约束条件式(4.10)、式(4.11)无关。

传统的生产物流平衡计算是以未知数的数目与平衡方程式的数目相等为基础的，而计算机生产物流平衡则不是这样，方程式数目远大于未知数的数目，要用最优化方法求解。因此，要合理地调整某些已知数据，估算出未知数据，使全部平衡式成立。当调整量的平方和最小时，得到最优解。

根据最小二乘原理，目标函数可以写成加权平方和的形式：

$$J_f = \sum_{m=1}^{M} \frac{(f_m - \widehat{f_m})^2}{2o_{fm}^2} + \sum_{i=1}^{I}\sum_{m=1}^{M} \frac{(x_{mi} - \widehat{x_{mi}})^2}{2o_{xmi}^2} + \sum_{j=1}^{J}\sum_{m=1}^{M} \frac{(y_{mj} - \widehat{y_{mj}})^2}{2o_{ymj}^2} + \sum_{i=1}^{J}\sum_{j=1}^{J}\sum_{m=1}^{M} \frac{(z_{mij} - \widehat{z_{mij}})^2}{2o_{zmij}^2} + \sum_{m=1}^{M} \frac{(c_m - \widehat{c_m})^2}{2o_{cm}^2} + \sum_{g=pi}^{Pp} \frac{(w_g - \widehat{w_g})^2}{2o_{ug}^2} \quad (4.12)$$

式中，o_{fm}^2、o_{xmi}^2、o_{ymj}^2、o_{zmij}^2、o_{cm}^2、o_{ug}^2 分别为各测定量的方差，其他符号含义

同前,其中字母上方有"⌒"的表示估计值,无"⌒"的表示测定值。测量方差 o^2 的倒数就是加权因子。测定值可信度越高,则方差越小,加权因子越大,意味着该项在目标函数中的作用也越大。

4.8 林-浆-纸企业生产物流智能配送系统综合评价

林-浆-纸企业生产物流智能配送系统追求企业整体效果的优化,而整体效果的优化建立在个体效果优化的基础上。根据约束理论或者木桶理论,一旦"企业生产流程实际基本线路结构"中有一个成员的绩效低下,那么企业整体的绩效也会低下。本书通过专家调查法(Delphi Method)获得指标数据,运用模糊综合评价方法,最终达到对林-浆-纸企业生产物流智能配送系统测度的目标。

4.8.1 系统综合评价指标

鉴于我国目前还没有系统地评价林-浆-纸企业生产物流智能配送系统的指标体系,本书基于结构模型化技术,通过以下步骤构建出一套比较理想的评价指标体系。

1. 确定影响因素

通过现场调研、筛选,确定影响林-浆-纸企业生产物流智能配送系统的主要因素有 18 个:①原木(木片)原料稳定性;②生产设备契合度;③生产流程整合程度;④生产工艺优化程度;⑤制造系统优化能力;⑥差别化能力;⑦操作工疲劳度;⑧资金投入额度;⑨资金回收期;⑩环境影响程度;⑪空间布局的合理性;⑫配送系统竞争力;⑬政府政策的导向性;⑭商业和自然风险;⑮交货准时化;⑯生产节点合作积极性;⑰市场适应能力;⑱企业组织结构的合理性。

2. 建立综合评价指标体系

经过进一步分析,确定林-浆-纸企业生产物流智能配送综合评价系统是一个三级递阶系统。其中,影响林-浆-纸企业生产物流智能配送系统的直接因素是系统联系紧密程度、系统竞争力和系统和谐性 3 个要素。

其中,影响林-浆-纸企业生产物流智能配送系统联系紧密程度的关键因素是②③⑪3 个因素,影响林-浆-纸企业生产物流智能配送系统竞争力的关键因素是①⑤⑧⑨⑫⑭6 个因素,影响林-浆-纸企业生产物流智能配送系统和谐性的关键因素是⑦⑩⑮⑯⑰5 个因素。

结合林-浆-纸企业生产物流智能配送系统的内涵特征和运营机理,综合考虑,构建出由目标层、判断层和参数层组成的三级综合评价指标体系(图 4.16)。

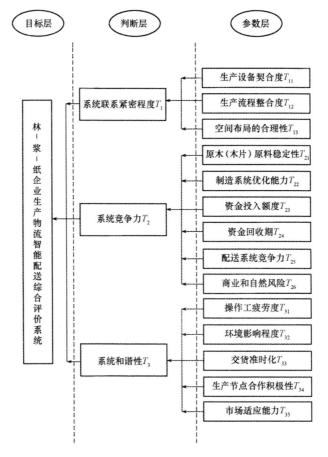

图 4.16　林-浆-纸企业生产物流智能配送系统三级综合评价指标体系

4.8.2　综合评价指标体系数据的获取

综合评价指标体系数据主要源于两个方面：一是实际数据，从林-浆-纸企业现有的统计、财务报表中直接或经计算获得；二是基于现场调查和专家判断形成的数据。虽然人们希望每个指标都能有实际数据，但对于许多不能量化的重要指标，往往不易得到相应的实际数据，即使已有的数据也未必能全面准确地反映相应的状况。

本书所建立的林-浆-纸企业生产物流智能配送系统的测量指标数据是通过专家调查法(Delphi Method)取得的。此时，恰当地设计评分体系和选择评分专家，对保证评价方案的科学性和可靠性就显得尤为重要。

1. 专家选择

这里所说的"专家"，是指那些对林-浆-纸企业生产管理非常熟悉，且对智能配送体系具有独到见解的人员,而不是专指那些有一定地位或职称的人。在选择专家时,要考虑专家的代表性。不但要邀请高层学术权威人士,还要邀请企业界的工程技术人员和对经济发展较熟悉的经济部门及研究单位人员。专家的数量,拟定为10~15人。

2. 调查表设计

为使专家能明确应答问题,减少应答的时间,提高应答的积极性,取得预期的调研效果,提高调查表的回收率,调查表设计应注意以下问题:

(1)对调查目标及方法做简要说明,并说明本项调查的目的、任务以及专家应答在该研究中的作用,同时还要对专家调查法做简要描述。

(2)问题要集中并有针对性,不能过于分散,以便使各个事件构成一个有机整体。问题要按等级排序,先整体、后局部,先简单、后复杂,由浅入深。

(3)避免组合事件。如果一个事件包括两个方面:一方面专家是同意的;而另一方面专家是反对的,这时专家将难以做出相应的回答。

(4)用词要准确,避免概念交叉或意思含糊不清。其中,关键词用粗体标出,以提醒专家。

(5)形式力求简明且可获取较大信息量。同时,调查表要留有足够的空余位置以便专家充分阐明自己的观点和表述自己的意见。

(6)防止表格的思维导向,不提令专家思维混淆的问题,对于专家不太熟悉的问题,要多加说明。

(7)问题的数量控制在一定的范围之内。

3. 专家意见处理

设专家数为 x,备选决策方案数为 y,第 n 位专家对 m 方案的评价分数为 E_{mn},等级为 R_{mn}。专家评审意见主要统计指标如下:

(1)专家评价的优先等级。通过计算专家组评分的算术平均值和方案的等级和来描述各方案的重要程度。

$$X_m = \frac{1}{x_m} \sum_{n=1}^{x_m} E_{mn} \quad (m = 1,2,3,\cdots,n) \qquad (4.13)$$

式中　X_m——m 方案分数的算术平均值;

　　　x_m——参加 m 方案评价的专家数。x_m 越大,方案的重要程度越高。

$$S_m = \frac{1}{x_m} \sum_{n=1}^{x_m} R_{mn} \quad (m = 1,2,3,\cdots,n) \qquad (4.14)$$

式中　S_m——m 方案分数的算术平均值,S_m 越小,方案的重要程度就越高。

(2)备选决策方案的满意频率。即对 m 方案给满分的专家数与对 m 方案做出评

价的专家总数之比，计算式为

$$K_m = \frac{p_m}{x_m} \quad (m=1, 2, 3, \cdots, n) \tag{4.15}$$

式中　K_m——方案的满分频率；

p_m——给 m 方案满分的专家数。

K_m 可以作为方案排序的补充指标。K_m 越大，说明给该方案满分的专家数越多，所以方案的重要程度就越高。

(3) 备选决策方案的变异系数。

①计算 m 方案的专家意见的方差 $\bar{S}_m^2$，用以描述专家意见的离散程度，其公式为

$$\bar{S}_m^2 = \frac{1}{x_m - 1} \sum_{n=1}^{x_m} (E_{mn} - X_m)^2 \quad (m=1, 2, 3, \cdots, n) \tag{4.16}$$

②计算 m 方案的标准差，表示评价的变异程度，其公式为

$$\bar{S} = \sqrt{\bar{S}_m^2} = \sqrt{\frac{1}{x_m - 1} \sum_{n=1}^{x_m} (E_{mn} - X_m)^2} \quad (m=1, 2, 3, \cdots, n) \tag{4.17}$$

③计算 m 方案专家意见的变异系数。由 m 方案的算术平均值和标准差，可求得变异系数为

$$V_m = \frac{\bar{S}_m}{X_m} \quad (m=1, 2, 3, \cdots, n) \tag{4.18}$$

式中　V_m——专家评价意见的相对波动幅度。

(4) 专家意见协调系数。变异系数说明 x_m 个专家对 m 方案的协调程度，但人们却总是希望了解全体专家对 y 个方案的协调程度，用协调系数 U 表示。

全部方案等级和的算术平均值为

$$X|S_m| = \frac{1}{y} \sum_{m=1}^{y} S_m \tag{4.19}$$

m 方案等级和与全部方案等级和的算术平均值之差的平方和为

$$d_m^2 = (S_m - X|S_m|)^2 \tag{4.20}$$

进而得到协调系数为

$$U = \frac{\sum_{m=1}^{y} d_m^2}{\frac{1}{y} x^2 (y^3 - y)} \tag{4.21}$$

协调系数 U 在 0～1，U 越大，表示协调程度越高。

(5) 专家积极性系数。积极性系数是指专家对方案的关注程度，其计算公式为

$$F_m = \frac{x_m}{x} \tag{4.22}$$

(6)专家权威性。设专家 n 评价值为 V_n,则 $V_n = a_n \cdot b_n \cdot c_n \cdot d_n \cdot e_n$。其中,$a_n$、$b_n$、$c_n$、$d_n$、$e_n$ 分别是专家 n 的知名度、职称、判断依据、熟悉程度、评价自信度的得分。

4.8.3 林-浆-纸企业生产物流智能配送系统综合评价方法

层次分析法(AHP)是一种定性与定量相结合的决策分析技术。它主要通过整理和归纳专家的经验判断,将意见模型化、集中化和数量化。其基本原理是将要识别的问题分解为多个层次,利用计算判断矩阵的特征向量来确定下层指标对上层指标的支持程度。

在林-浆-纸企业生产物流智能配送系统综合评价中,AHP 并不适合求取各方案的权重。因此,本书引入模糊理论的一些基本概念和方法,来确定各方案的属性值。

针对林-浆-纸企业生产物流智能配送系统综合评价问题,将 AHP 和模糊理论相结合,提出的方法步骤如下:

设 $T = \{t_1, t_2, t_3, \cdots, t_m\}$ 表示林-浆-纸企业生产物流智能配送系统的 m 种评价指标,$U = \{u_1, u_2, u_3, \cdots, u_n\}$ 表示每一因素所处状态的 n 种评价等级。其中 m 为评价因素的个数,n 为评语个数。

由此指标体系,设立具体的评价集

$U = \{u_1, u_2, u_3, \cdots, u_n\} = \{$绝对有利,比较有利,有利,弊大于利,不利$\}$

1. 构造评价矩阵

首先对因素集 T 中的单因素 $t_i(i=1, 2, 3, \cdots, m)$ 做评判,评判其对抉择等级 $u_j(j=1, 2, 3, \cdots n)$ 的隶属度 r_{ij},得出第 i 个因素 t_i 的单因素评判集 $r_i = (r_{i1}, r_{i2}, r_{i3} \cdots, r_{in})$。由 m 个单因素的评价集构造出一个总的评价矩阵 $\boldsymbol{R}$:

$$\boldsymbol{R} = (r_{ij})_{n \times m} \begin{vmatrix} r_{11} & r_{21} & \cdots & r_{1n} \\ r_{21} & r_{22} & \cdots & r_{2n} \\ \vdots & \vdots & \vdots & \vdots \\ r_{m1} & r_{m2} & \cdots & r_{mn} \end{vmatrix} (i=1, 2, 3, \cdots, m; j=i=1, 2, 3, \cdots, n) \tag{4.23}$$

2. 模糊合成和综合评价

模糊评判矩阵 $\boldsymbol{R}$ 中不同的行反映了林-浆-纸企业智能配送系统不同的单因素对各等级模糊子集的隶属程度。设模糊评价集 $L = (l_1, l_2, l_3, l_4, l_5)$,$l_j$ 表示第 j 个评价对象的评价相对值。从而可以得出评价结果的矩阵向量 $\boldsymbol{L}^j$:

$$L^j = W \circ R \tag{4.24}$$

式中 W——评价指标的权值向量矩阵；

算子。——$M(\cdot, +)$，表示两矩阵相乘。

当 $W = (W_i)_{1n}$，$R = (r_{ij})_{nm}$ 时，$L = (l_j)_{1m}$，其中：

$$l_j = W_1 r_{1j} + W_2 r_{2j} + W_3 r_{3j} + \cdots + W_n r_{nj} \tag{4.25}$$

对于任意 i，如果 $\sum_{sij} \neq 1$，应将其归一。

一般情况下，L 是个模糊向量，而不是一个点值，因而并不能直接用于被评判对象间的排序评优，还需转换后进行排序。方法如下：

设相对于各等级 u_j 规定的参数列向量为

$$C = (c_1, c_2, c_3, \cdots, c_n)^Z \tag{4.26}$$

则求得等级参数评判结果为

$$P = L * C \tag{4.27}$$

式中 P——一个实数，反映了等级模糊子集 L 和等级参数向量 C 带来的综合信息。

3. 确定评价指标权重

根据 AHP 基本原理，求 n 个备选方案或 n 个评价指标对于某一个准则的权重，可以归结为求定义的矩阵 A 的最大特征根对应的向量。

设有 n 个评价指标 T_1，T_2，$\cdots$，T_n，目标是在某一准则 C_k 下，按照相对重要程度赋予相应的比值。

以 T_i 表示评价因素（$i = 1, 2, 3, \cdots, n$），T_{ij} 表示 T_i 对 T_j 的相对重要性数值（$j = 1, 2, 3, \cdots, n$），由此得到判断矩阵 P：

$$P = \begin{vmatrix} T_1 & T_2 & \cdots & T_n \\ T_{11} & T_{12} & \cdots & T_{1n} \\ T_{21} & T_{22} & \cdots & T_{2n} \\ \vdots & \vdots & \vdots & \vdots \\ T_{n1} & T_{n2} & \cdots & T_{nn} \end{vmatrix} \begin{vmatrix} T_1 \\ T_2 \\ \vdots \\ T_n \end{vmatrix} \tag{4.28}$$

矩阵 P 具有下列性质：① $T_{ij} > 0$；② $T_{ii} = 1$；③ $T_{ij} = \dfrac{1}{T_{ji}}$；④ $T_{ij} = \dfrac{T_{ik}}{T_{jk}}$。

4. 指标得分的计算

对于三级指标而言，定量指标的得分直接参加计算，定性指标的计算按三种情况予以区别：得分为百分比的指标直接参与计算；得分为"优""良""中""差"的指标，折算为百分比参加计算；用模糊数学方法进行处理得到的值则可以直接参加计算。

对于二级指标和一级指标,用其下层所属的指标的加权平均值作为该指标的最后得分,计算式为

$$P_i = \sum_{j=1}^{n} w_{ij} A_{ij} \qquad (4.29)$$

式中　P_i——指标 i 的得分;

　　　w_{ij}——指标 i 分解为第 j 个指标的权重;

　　　A_{ij}——指标 i 分解为第 j 个指标的得分。

4.8.4　调查结果统计与处理

结合基于 AHP 和模糊理论的综合评价方法,按照前面所述的综合指标体系,对生产物流智能配送应用实施前后(M_1 代表实施前、M_2 代表实施后)两种模式进行实证分析评价,并得出评价结果。此处选定 20 位专家,利用 Delphi Method 进行调查,两种模式的单因素评价调查结果见表 4.9。

表 4.9　评价调查结果统计表

评价指标		绝对有利		比较有利		有利		弊大于利		不利	
		M_1	M_2	M_1	M_2	M_1	M_2	M_1	M_2	M_1	M_2
系统联系紧密程度 T_1(0.3)	生产设备契合度 T_{11}(0.43)	2	12	2	4	3	3	5	2	8	1
	生产流程整合度 T_{12}(0.36)	0	10	2	6	1	0	8	2	9	2
	空间布局的合理性 T_{13}(0.21)	3	9	2	5	1	3	7	2	7	1
系统竞争力 T_2(0.4)	原木(木片)原料稳定性 T_{21}(0.12)	0	12	2	6	2	0	2	0	14	2
	制造系统优化能力 T_{22}(0.13)	0	16	2	3	2	1	10	0	6	0
	资金投入额度 T_{23}(0.21)	5	8	8	4	4	4	2	2	1	2
	资金回收期 T_{24}(0.15)	6	7	8	10	2	0	2	0	2	3
	配送系统竞争力 T_{25}(0.19)	0	12	2	8	4	0	10	0	4	0
	商业和自然风险 T_{26}(0.20)	5	8	5	7	6	3	2	0	2	2
系统和谐性 T_3(0.3)	操作工疲劳度 T_{31}(0.19)	0	8	2	6	4	2	5	2	9	2
	环境影响程度 T_{32}(0.21)	2	8	1	8	2	6	2	8	8	0
	交货准时化 T_{33}(0.21)	0	10	2	6	2	6	2	0	10	0
	生产节点合作积极性 T_{34}(0.30)	2	10	2	6	2	4	4	0	10	0
	市场适应能力 T_{35}(0.09)	3	8	0	6	2	4	3	0	12	2

根据表 4.9，构造模糊评价矩阵，得出：

$$R_1^1 = \begin{vmatrix} 0.10 & 0.10 & 0.15 & 0.25 & 0.40 \\ 0.00 & 0.10 & 0.05 & 0.40 & 0.45 \\ 0.15 & 0.10 & 0.05 & 0.35 & 0.35 \end{vmatrix}$$

$$R_2^1 = \begin{vmatrix} 0.00 & 0.10 & 0.10 & 0.10 & 0.70 \\ 0.00 & 0.10 & 0.10 & 0.50 & 0.30 \\ 0.25 & 0.40 & 0.20 & 0.10 & 0.05 \\ 0.30 & 0.40 & 0.10 & 0.10 & 0.10 \\ 0.00 & 0.10 & 0.20 & 0.50 & 0.20 \\ 0.25 & 0.25 & 0.30 & 0.10 & 0.10 \end{vmatrix}$$

$$R_3^1 = \begin{vmatrix} 0.00 & 0.10 & 0.20 & 0.25 & 0.45 \\ 0.10 & 0.05 & 0.15 & 0.30 & 0.40 \\ 0.00 & 0.10 & 0.30 & 0.10 & 0.50 \\ 0.10 & 0.10 & 0.10 & 0.20 & 0.50 \\ 0.15 & 0.00 & 0.10 & 0.15 & 0.60 \end{vmatrix}$$

$$R_1^2 = \begin{vmatrix} 0.60 & 0.20 & 0.15 & 0.10 & 0.05 \\ 0.50 & 0.30 & 0.00 & 0.10 & 0.10 \\ 0.45 & 0.25 & 0.15 & 0.10 & 0.05 \end{vmatrix}$$

$$R_2^2 = \begin{vmatrix} 0.60 & 0.30 & 0.00 & 0.10 & 0.10 \\ 0.80 & 0.15 & 0.05 & 0.00 & 0.00 \\ 0.40 & 0.20 & 0.20 & 0.10 & 0.10 \\ 0.35 & 0.50 & 0.00 & 0.00 & 0.15 \\ 0.60 & 0.40 & 0.00 & 0.00 & 0.00 \\ 0.40 & 0.35 & 0.15 & 0.00 & 0.10 \end{vmatrix}$$

$$R_3^2 = \begin{vmatrix} 0.40 & 0.40 & 0.10 & 0.10 & 0.00 \\ 0.40 & 0.40 & 0.10 & 0.10 & 0.00 \\ 0.50 & 0.40 & 0.10 & 0.00 & 0.00 \\ 0.50 & 0.30 & 0.20 & 0.00 & 0.00 \\ 0.40 & 0.30 & 0.20 & 0.00 & 0.10 \end{vmatrix}$$

R_i^j 表示 j（$j=1$ 代表智能配送系统实施前；$j=2$ 代表智能配送系统实施后）的第 i 个判断层的评判矩阵（$i=1,2,3$ 分别对应系统联系紧密程度、系统竞争力和系统和谐性 3 个判断层）。经转换计算后，得到表 4.10 的评价分值。很显然，智能系统实施后的分值高于智能系统实施前。

表 4.10　评价结果

模式 指标	M_1	M_2
系统联系紧密程度	58.25	80.10
系统竞争力	55.58	83.00
系统和谐性	62.58	76.52
综合分值	61.24	81.26

4.9　新旧系统无缝集成的技术实现及效益分析

在实施本系统之前，该林-浆-纸企业已经有一个生产管理系统，它主要负责制定生产指示，由于生产指示都是和生产原材料相联系的，因此它也有部分原木（木片）管理功能，有专门存储木料信息。两个系统之间存在着功能交叉，信息和数据冗余现象时有发生，如果出现数据更新不同步现象，给客户提供一些不一致的信息，那么会严重影响企业管理。因此，有必要对新旧两系统间实施集成。

系统集成按照实现模式又可分为业务集成和数据集成。实现系统集成的方法有多种，以往常采用业务集成即增加接口的方法。企业内每增加一个新系统，原有的各个旧系统都需要对其提供一个接口，新系统也需要对各个旧系统提供一个接口，这样一来，接口的数目和复杂性，随着新应用的增加就会按几何级数增加，因此，靠增加接口的办法实现系统集成是不可行的，现实中有许多这样的失败案例。由詹姆斯·马丁原理可知，只要企业的性质和目标不变，它的数据类就是稳定的，任何经营管理或者商务活动都离不开对这些数据的存取。因此，信息系统的开发应该面向数据，而不应该面向处理过程。

根据上述分析，新旧系统间采取数据集成而非业务集成的方式进行无缝对接。为了防止两个系统破坏对方系统的数据，而导致对方系统出现异常，规定两个系统只能读取对方系统的数据，而不能改写对方的数据，如图 4.17 所示。具体做法是对数据进行归类，每类数据以一方为准，另一方只负责读取。由于数据基本是稳定的，此种系统对接方案保证了数据的安全性、完整性和一致性，而且不会因业务流程的变动而经常改动。

第4章　林-浆-纸企业生产物流智能配送系统研究

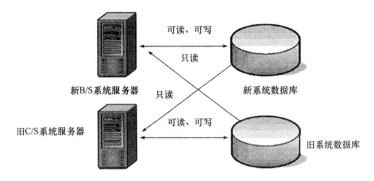

图 4.17　系统集成方案

本系统部分功能于 2010 年 12 月在湖南株洲新时代输送机械有限公司投入使用,为企业带来的收益如表 4.11 所示。

表 4.11　系统对林-浆-纸企业的生产改善作用

使用系统前	使用系统后
需手工为每批次货物打印 A4 纸质彩色看板	不需要手工为每批次货物打印 A4 纸质彩色看板,节省人力、财力和时间
需制作上百个安放看板的铁支架	不需要制作上百个安放看板的铁支架,节省人力、财力,安全隐患消除
操作工需要手工抄写每次作业的内容	操作工不需要手工抄写每次作业的内容,数据实时采集,降低了劳动强度
管理员需将每个货物的货位变化录入系统	管理员不需要将每个货物的货位变化录入系统,系统自动更新
手工管理纸质置场看板,每次需要 3 h 库存盘点费时费力	不需要手工管理纸质置场看板,旧系统错误率非常高 条码扫描,快捷准确
过多不必要的"搬运"和"查找"作业	消除了此浪费
旧系统数据错误率在 20%以上	系统数据准确
物流数据错误	系统严格控制
货物堆垛混乱,操作工随意摆放	按多目标综合最优自动分配货位,提高了仓库利用率
管理员步行发放加工日程表需 0.5 h	在几秒内可发布给所有生产线
无生产进度监控功能	有生产进度监控功能,方便生产管理员调整生产指示
无仓储监控功能	有仓储监控功能,极大提高了管理水平
无安全库存计算功能	有安全库存计算功能,为订货管理提供了决策支持

第 5 章 总结与展望

5.1 主要研究结论

对原料堆场、备料车间、浆板车间内的物料流进行智能配送，实现了前工序有序高效化处理。通过流程再造和自动化作业调度，"入库""出库""投料""倒料"等众多前置工序变得有序化、高效化，解决了多目标综合优化问题，基本消除了人工判断、人工寻找、手工或口头传递控制信息、流程混乱等现象，大幅度减少了错误和浪费，物流管理和跟踪得到明显优化，提高了自动化水平和管理效率。

取得的主要研究成果如下：

(1) 以某林-浆-纸企业年产 40 万吨漂白硫酸盐木浆项目为研究对象，以该企业生产工艺流程与相关设备及参数为依据，研究了林-浆-纸企业各工艺流程生产物流动态关系。通过分析和计算，得到了生产物流数质量流程图以及相应的设备效率和生产能力。

(2) 利用计算机行业新的发展成果对林-浆-纸企业生产调度和仓储进行了数字化管理应用研究，设计了仓储监控电子看板、装载机作业指示电子看板、生产进度电子看板；建立了木片数字配料模型；引入条码技术、RFID 技术、自动化立体仓库技术来完成生产物流及仓储管理，物流跟踪明显得到改善。

(3) 提出了一种分类定位机动共享存储策略，并给出了一系列优化货位分配的规则和一种隐含出库距离的货位编号方法。在保留了分类存储策略和定位存储策略优点的同时，舍弃了按"最大可能在库量"设计货位容量的一般规则，改设重叠缓冲区、就近乡镇林业站收购点虚拟中间料场，采用机动共享的优化方案，提高了仓库利用率。提出和实现了一种基于货位状态图的货位分配求解方法，采取预约状态判断机制，避免了多个货品争抢同一个货位的冲突，保证了货位分配的准确性和可靠性。

第 5 章　总结与展望

(4)针对制浆环节对木料加工前置处理的关键环节——装载机生产调度,建立了计算模型。阐明了林-浆-纸企业装载机生产调度的特殊之处,并对描述车间生产调度问题的析取图模型做了改进。

(5)针对备料车间频繁的倒料问题,提出并实现了一种基于规则引擎的装载机生产调度算法。

(6)提出了一种基于"生产计划—时间窗"的窗口轮滑木料库存控制策略。用"生产计划—时间窗"平滑生产计划,求取时间窗内产品的总生产量及其对应木料的总需求量,并考虑各种在库、已订货未到货数据,计算订货量。

(7)根据企业的各信息采集点的分布情况,以及搬运设备的实际位置和需要到达目的地的信息,设计了安全实用的无线网络建设方案。

(8)在林-浆-纸企业生产设备布置和物流路线整理规划的基础上,提出了生产物流配送系统的设计原则及应实现的功能,构建了林-浆-纸企业生产物流智能配送系统结构和计算机网络形式。

(9)针对原有成品浆包仓库数量多、条块分割严重、占地面积大、存储量小、运作效率低、人力耗费大的情况,设计了浆包自动化立体仓库及仓库作业流程。

(10)建立了林-浆-纸企业生产物流智能配送系统制浆生产物流子系统动态复合模型与制浆流程生产药剂子系统动态复合模型,并将林-浆-纸企业生产物流物料平衡归结为一个有约束的最优化问题;提出了林-浆-纸企业生产物流智能配送系统综合评价方法。

5.2　研究创新之处

本研究的创新之处主要体现在以下几个方面:

(1)针对相关文献资料对林-浆-纸企业生产物流智能配送研究的空白,本研究就此问题进行了较系统的理论阐述。

(2)系统收集了林-浆-纸企业生产工艺流程与相关设备参数,计算出了相应的设备效率和生产能力;研究了林-浆-纸企业生产物流动态关系,绘制出了生产物流数质量流程图。

(3)利用计算机行业新的发展成果对林-浆-纸企业生产调度和仓储管理进行了数字化管理应用研究。设计了仓储监控电子看板、装载机生产指示电子看板、生产进度电子看板;建立了木片数字配料模型;提出并实现了一种基于规则引擎的装载机生产调度算法,建立了装载机生产调度计算模型。

(4)构建了林-浆-纸企业生产物流智能配送系统结构；建立了林-浆-纸企业生产物流智能配送系统制浆生产物流子系统动态复合模型与制浆流程生产药剂流子系统动态复合模型，并将林-浆-纸企业生产物流物料平衡归结为一个有约束的最优化问题。

5.3 进一步的研究与展望

(1)生产物流系统的管理是一个复杂的、综合性很强的课题，涉及控制论、系统论、信息学、管理学等众多学术领域。加之制浆生产物流系统所具有的规模庞大、结构复杂、目标多样、功能综合、因素众多以及随机性、模糊性等特征，这些都使研究工作和课题的实际需要之间存在一定差距。

(2)在森林资源极其匮乏的情况下，原木及木片的供应是制约我国林-浆-纸企业发展的瓶颈。由于企业经济实力不够雄厚、融资的难度较大以及我国现行林权制度等方面存在诸多问题，林-浆-纸企业要真正意义上完全依靠自有林地保障木材纤维原料的供应是不现实的。林-浆-纸企业在有自己的原料林基地作为木材纤维供应的"中间仓库"之外，一方面，要与一些大型林场或营林公司结成紧密型的企业集团或战略合作伙伴关系，为木材原料供应提供基本保障；另一方面，还要与广大的林农和其他营林组织结成松散型的动态联盟或虚拟组织关系，为原料供应储备后备力量。因此，对于生产流程中的"倒料"现象所导致的浪费问题，还有待对林-浆-纸一体化供应链体系中的协同机制进行深入研究，以进一步探讨解决"木料供应可控制"这一课题。

(3)由于原木(木片)自身的特殊性，在搬运、加工处理、制浆生产等过程中，容易造成物料散落而形成废弃物，因此现场物流管理有待进一步加强；原料堆场露天放置原木(木片)，受天气影响，容易掺杂水分、灰尘等杂质导致计量不准确，质检手段有待进一步提高；在制浆过程中，尾浆的处理仍是困扰生产物流管理的一大难题，由于其形态的特殊性，其分类标志很难准确完成，是一个值得探索的问题。

(4)企业生产物流配送问题贯穿企业生产的各个流程，本书仅重点研究了生产流程的几个方面，如联机读取生产设备的控制信息就没有涉及，因此完善数据采集分析功能，进行数据挖掘还有待进一步研究。

(5)由于林业的特殊性，加上市场情况等诸多不确定因素时有发生，林-浆-纸企业生产物流智能配送系统只能起到辅助管理作用。此外，企业工作人员的综合素质、管理能力也很关键。

  鉴于笔者的研究水平有限,书中存在的疏漏或不足之处,需要在提出理论假设、探索、证实的过程中进一步完善。希望本书的研究成果能为后续研究提供参考和借鉴。

参考文献
References

[1] 张蕾，戴广翠，王月华，等. 中国林纸联合面临的机遇和挑战[M]. 北京：中国大地出版社，2006.

[2] 曹朴芳. 关于加快造纸工业原料林基地建设 促进我国木浆造纸发展的思考[J]. 中华纸业，2002，22(12)：16-21.

[3] 蔡延松. 关于加速发展我国木浆造纸产业的建议[J]. 林业经济，2000，S1：11-12.

[4] 伍士林. 我国林产企业网上经营林产品初探[J]. 中国林业经济，2002(6)：22-24.

[5] 王晓松，吴燕. 信息时代下我国林产品物流问题初探[J]. 林业经济问题，2006，26(6)：553-557.

[6] [美]罗纳德·H·巴罗. 企业物流管理——供应链的规划、组织与控制[M]. 2版. 王晓东，胡瑞娟，等，译. 北京：机械工业出版社，2006.

[7] 陈月波. 电子商务解决方案[M]. 北京：电子工业出版社，2002.

[8] 管娇. 电子商务与物流配送[J]. 管理科学文摘，2004，20(3)：28-29.

[9] 赵家俊，于宝琴. 现代物流配送管理[M]. 北京：北京大学出版社，2004.

[10] 方程. 电子商务概论[M]. 北京：电子工业出版社，2003.

[11] 吕红. 全球物流及中国区域经济竞争力的提高[J]. 学术交流，2004(6)：43-46.

[12] 曾丹. 电子商务环境下的物流配送研究[J]. 科技创业月刊，2005(6)：50-51.

[13] 中国物流与采购联合会. 现代物流产业是我国经济新的增长点[J]. 中国物流与采购，2002，20(5)：10.

[14] [美]唐纳德·J·鲍尔索克斯. 供应链物流管理[M]. 2版. 马士华，张慧玉，等，译. 北京：机械工业出版社，2009.

[15] 王之泰. 现代物流学[M]. 北京：中国物资出版社，1995.

[16] 陆江. 促进我国现代物流业发展的对策[J]. 经济研究参考，2004(47)：29.

[17] 方仲民. 物流系统规划与设计[M]. 北京：机械工业出版社，2007.

[18] 夏文轩. 知识经济时代物流业发展趋势[J]. 北京交通, 2004(12): 91-92.

[19] [美]詹姆士·R. 斯托克, 道格拉斯·M. 兰伯特. 战略物流管理[M]. 4版. 邵晓峰, 等, 译. 北京: 中国财政经济出版社, 2003.

[20] [美]唐纳德·J. 鲍尔索克斯, 戴维·J. 克劳斯. 物流管理、供应链过程的一体化[M]. 林国龙, 等, 译. 北京: 机械工业出版社, 2003.

[21] 王文斌, 马祖军, 武振业. 现代物流业与区域经济发展[J]. 经济体制改革, 2002, 17(1): 122-125.

[22] 王道平. 网络经济时代企业物流管理的变革[J]. 北京科技大学学报(社会科学版), 2003, 19(2): 72-74.

[23] 李必强, 姜军, 武兰芬. 现代物流管理与企业竞争优势[J]. 物流技术, 2004, 14(3): 17-19.

[24] 张莹. 有关现代物流管理的几个问题[J]. 经济论坛, 2004, 25(6): 66-67.

[25] 周旦华. 现代综合物流的业态特征与管理对策[J]. 经济论坛, 2004, 16(18): 42-43.

[26] 勾宏图. 对发展现代物流的认识[J]. 中国物流与采购, 2004, 29(20): 48-51.

[27] 何明珂. 物流系统论[M]. 北京: 高等教育出版社, 2004.

[28] 张吉隆. 中国发展现代物流的对策研究[J]. 商业经济, 2004, 14(3): 28-30.

[29] 周永光. 现代物流的发展趋势[J]. 交通世界, 2003, 17(2): 78-79.

[30] 黄福华, 尹国杰. 湖南现代物流发展研究报告(1997-2005)[M]. 长沙: 湖南人民出版社, 2006.

[31] 贾晓航, 张建国. 打造中国现代物流产业的建议[J]. 经济学家, 2004, 19(2): 123-124.

[32] 贺宝成. 绿色物流: 21世纪物流发展新趋势[J]. 港口经济, 2004(5): 57-58.

[33] 宾厚. 中小企业实施电子商务的意义及策略[J]. 湖南冶金职业技术学院学报, 2005(4): 420-422.

[34] 刘伟华, 刘文华, 刘松涛. 论城市物流配送发展的新趋势[J]. 重庆交通学院学报, 2003, 22(3): 86-89.

[35] 杨静, 符少玲. 我国电子商务环境下的物流配送模式[J]. 经济论坛, 2005(9): 71-72.

[36] 廖海. 我国物流产业发展对策研究[J]. 中国流通经济, 2004, 18(9): 16-18.

[37] 陈月波. 电子商务解决方案[M]. 北京：电子工业出版社，2006.

[38] 占英华，易虹. 现代城市物流中心及其规划建设研究——以深圳平湖物流中心规划建设为例[J]. 经济地理，2000，20(2)：94-97.

[39] 赵黎明，李微微. 我国物流园区的规划现状与对策[J]. 城市，2003，12(4)：14-16.

[40] 高俊. 我国交通运输物流业物流信息化发展研究[D]. 武汉：武汉理工大学，2004.

[41] 华梅芳. 中国物流业现状分析与发展对策[J]. 江西社会科学，2004，15(6)：243-245.

[42] 张运. 论城市交通规划与城市物流相结合[J]. 综合运输，2005，10(4)：34-35.

[43] 黄欧龙，陈青龙，郭东军. 城市地下物流系统网络规划初探[J]. 物流技术与应用，2005，10(6)：91-93.

[44] 黄福华，邓胜前. 现代企业物流管理[M]. 长沙：湖南人民出版社，2005.

[45] 王之泰. 现代物流管理[M]. 北京：中国工人出版社，2001.

[46] 宋华，胡左浩. 现代物流与供应链管理[M]. 北京：经济管理出版社，2004.

[47] 冯耕中. 现代物流与供应链管理[M]. 西安：西安交通大学出版社，2003.

[48] 刘志学，付国庆，许泽勇. 物流管理与供应链管理的比较[J]. 计算机集成制造系统，2004，12(10)：125-129.

[49] [美]Ronald Ballou. 企业物流管理：供应链的规划、组织和控制[M]. 王晓东，胡瑞娟，译. 北京：机械工业出版社，2002.

[50] 王国文. 美国物流管理协会(CLM)发布的供应链管理、物流管理最新定义[J]. 中国物流与采购，2005(1)：31.

[51] 王崇鲁. 如何进行运输与配送管理[M]. 北京：北京大学出版社，2004.

[52] 刘志学. 现代物流手册[M]. 北京：中国物资出版社，2001.

[53] 邹珺. 城市物流基础设施规划[D]. 武汉：武汉理工大学，2002.

[54] 程世东. 城市物流系统及其规划[J]. 北京工业大学学报，2005，20(11)：55-57.

[55] 程世东. 北京城市物流战略规划研究[D]. 北京：北京工业大学，2002.

[56] 刘娜. 物流配送[M]. 北京：对外经济贸易大学出版社，2004.

[57] 刘联辉. 配送实务[M]. 北京：中国物资出版社，2009.

[58] 郭凤梅. 制造业企业生产物流理论及应用研究[D]. 武汉：武汉科技大学，2003.

[59] 周祖德，余文勇，陈幼平. 数字制造的概念与科学问题[J]. 中国机械工程，2001，12(1)：100-101.

[60] 刘凡，张宜生，梁书云，等. 面向服务架构的全球数字制造技术[J]. 计算机工程与科学，2003，25(3)：90-93.

[61] 蒋新松. 21世纪企业的主要模式——敏捷制造企业[J]. 计算机集成制造系统，1996，2(4)：3-8.

[62] 金璐玫，涂海宁，刘建胜，等. 汽车制造企业设备管理流程再造[J]. 机械设计与制造，2006，11(7)：173-175.

[63] 曹春平. 可集成制造执行系统(IMES)动态调度研究[J]. 机械科学与技术，2006，25(2)：195-199.

[64] 闫欢，张宜生，李德群，等. 规则引擎在制造企业MES中的研究与应用[J]. 计算机工程，2007，33(7)：210-212.

[65] 饶运清，李培根，李淑霞，等. 制造执行系统的现状与发展趋势[J]. 机械科学与技术，2002，21(6)：1011-1015.

[66] 向凤红. 选矿厂生产物流递阶智能控制系统结构与复合模型研究[D]. 昆明：昆明理工大学，2002.

[67] 周奇才. 基于现代物流的自动化立体仓库系统(AS/RS)管理及控制技术研究[D]. 成都：西南交通大学，2002.

[68] 牟旭东，陈健. 物流：第三利润源泉[M]. 上海：上海远东出版社，2002.

[69] 徐正林，刘昌祺. 自动化立体仓库实用设计手册[M]. 北京：中国物资出版社，2009.

[70] 党伟超，曾建潮，白尚旺. 自动化立体仓库货位分配概念数据模型的研究[J]. 太原重型机械学院学报，2003，24(4)：308-311.

[71] 柳赛男，柯映林，李江雄，等. 基于调度策略的自动化仓库系统优化问题研究[J]. 计算机集成制造系统，2006，12(9)：1438-1443.

[72] 高昊江. 板料加工车间物流智能控制及仓储管理系统研究[D]. 武汉：华中科技大学，2007.

[73] 周国华. 生产作业调度问题的软计算方法研究[D]. 成都：西南交通大学，2003.

[74] 包振强，李长仪，周鑫. 基于知识的动态调度决策机制研究[J]. 中国机械工程，2006，17(13)：1366-1368.

[75] 黄志，黄文奇．一种基于禁忌搜索技术的作业车间调度算法[J]．小型微型计算机系统，2005，26(2)：30-35．

[76] 付旭辉，康玲．遗传算法的早熟问题探究[J]．华中科技大学学报(自然科学版)2003，31(7)：53-54．

[77] 张远昌．仓储管理与库存控制[M]．北京：中国纺织出版社，2004．

[78] 宋伟刚．物流工程及其应用[M]．北京：机械工业出版社，2003．

[79] 高扬敏．基于随机 Petri Net 钢铁行业生产物流系统分析及优化[D]．泉州：华侨大学，2009．

[80] 郭凤梅．制造业企业生产物流理论及应用研究[D]．武汉：武汉科技大学，2003．

[81] 张阳．基于J2EE体系结构的工作流管理系统的研究与开发[D]．长沙：湖南大学，2008．

[82] 黄俊．基于摄影测量的母材置场管理原型系统研究[D]．武汉：华中科技大学，2008．

[83] 刘卉．自动化立体仓库效率优化研究[D]．阜新：辽宁工程技术大学，2007．

[84] 郭彦涛．基于CPFR的我国成品油企业库存管理研究[D]．兰州：兰州理工大学，2009．

[85] 魏静．并行遗传算法在生物序列比对中的应用研究[D]．天津：天津大学，2004．

[86] 姜春雄．喷粉线产能利用优化与看板应用研究[D]．上海：上海交通大学，2009．

[87] 谌洪茂，万智辉．遗传算法在试题组卷中的应用[J]．计算机与现代化，2005，24(12)：28-30．